# गुरू तेग बहादुर
# हिन्द दी चादर

# गुरू तेग बहादुर हिन्द दी चादर

डॉ. सुरजीत कौर जोली

GenNext Publication

**गुरू तेग बहादुर हिन्द दी चादर**



ISBN : 978-93-5324-632-7 (HB)

भारत सन् 2022 में प्रकाशित

**जेन्नेकस्ट पब्लिकेशन**

5, अंसारी रोड, दरियागंज,

नई दिल्ली-110002

Phone : 9811692060

ई-मेल:gennextpublication@hotmail.com

*मुद्रित:* जी. प्रिंट प्रोसेस, दिल्ली

# अनुक्रमणिका

मेरे परम प्यारे माता-पिता

**सरदार अर्जन सिंह**

और

**हरबंसकौर जी**

को समर्पित जिन्होंने सोचने, समझने और

विचारने की शक्ति प्रदान की और

गुरुवाणी के संग जोड़ा।

## प्रस्तावना

# जगमगाता सूर्य

पंजाब पाँच नदियों पंज+आब के संगम का नाम है; जहाँ कभी पाँच नदियाँ बहती थी, यह एक ऐसा तिकोना स्थान था, जो सिंधु व यमुना नदी के बीच की धरती थी। यह उत्तर में हिमालय की शृंखलाएं, पश्चिम में सुलेमान व किरथर की शृंखलाओं व पूर्व में सिंध व राजपूताना के रेगिस्तान के बीच में बसा एक ऐसा स्थान था जहाँ के निवासियों को लगातार विदेशी हमले झेलने पड़ते थे। क्योंकि यह भारत को जीतने के लिए फाटक का काम करता था।

मध्यकाल में इस धरती पर एक ऐसा आंदोलन उठा, जिसने मुस्लिम आक्रमणकारियों को मुँहतोड़ जवाब दिया व भारत की नियति का मुँह मोड़ दिया। भारत एक मुस्लिम देश होने से बच गया। इसकी संस्कृति व समृद्ध विरासत को बचा लिया गया। गुरु नानक के आगमन के साथ यहाँ पर भक्ति आंदोलन को बल मिला। जन साधारण को आध्यात्मिक, सहज धर्म, सहज धार्मिक नियम व कायदे कानूनों का प्रचार करके गुरु नानक जी ने जन साधारण को झूठे रीति रिवाजों, धार्मिक प्रपंचों, व डर से बाहर निकाला। उनका मंत्र सरल था- नाम जपो, किरत करो, (मेहनत एवं ईमानदारी से कर्म और कमाई करना) वंड के छको (बाँटकर खाओ)। यह नियम सिक्ख धर्म

के स्तम्भ बन गये। 'संगत' व 'पंगत' के उपदेश ने ऊँच-नीच व जाति-पाति के भेद-भाव को समाप्त कर दिया। इस आंदोलन को संगठित करने के लिये गुरु नानकदेव जी ने अपने उत्तराधिकारी के रूप में गुरु अंगद देव जी को गुरु पद सौपा। गुरु अंगद देव जी ने गुरमुखी लिपि प्रदान की व नानक वाणी को संभाल लिया। तीसरे गुरु अमरदास जी ने इस मिशन व दर्शन के प्रचार-प्रसार के लिये 22 'मंजियों' की स्थापना की, प्रत्येक मंजी का अधिकारी गुरु के प्रति समर्पित सिख होता था। विशेष बात यह थी कि 'पीढ़ियाँ' भी स्थापित की गई जो स्त्रियों को सौपी गई। सती प्रथा को गुरु जी के आदेश से रोका गया। लंगर, संगत व पंगत चलते रहे। विवाह संस्कार को भी सरल किया गया। चौथे गुरु, गुरु राम दास जी के समय में अमृतसर की स्थापना हुई; व 'मसंद' प्रथा शुरु की गई जो गुरु के प्रतिनिधि होते थे और दसवंध को इक्ट्ठा करके गुरु जी को भेजते थे ताकि धार्मिक व सामाजिक कार्य चलते रहें। पाँचवे गुरु, गुरु अर्जुन देव जी के समय में गुरु ग्रंथ साहिब का संपादन हुआ और हरिमंदिर साहिब का निर्माण किया गया।

मुगल आक्रांता बादशाह जहांगीर के आदेश से गुरु अर्जुन देव जी को अमानुषिक रूप में शहीद किया गया। यहाँ से सिक्ख आंदोलन का स्वरूप बदल गया। छटे गुरु, हर गोबिन्द जी ने 'मीरी' व 'पीरी' की दो तलवारें धारण की, अस्त्र-शस्त्र की विद्या व धर्म की रक्षा के लिये मर मिटने का ज़ज्बा आपने सिक्खों में पैदा किया। अकाल तख्त की स्थापना करके मुगलों के साथ एक खुली चुनौती को खड़ा कर दिया गया था। राजसी वेशभूषा, घुड़सवारी व 'सच्चा पातशाह' शब्द का प्रयोग मुगलों के लिये असहनीय था। पर समाज को जगाने व उत्साहित करने के लिये यह आवश्यक था। गुरु हर राय जी व गुरु हरिकृष्ण सातवें व आठवें गुरु के काल में सिक्ख धर्म का विकास होता रहा।

यह पुस्तक नौंवे गुरु, गुरु तेगबहादुर जी के जीवन के विभिन्न पहलुओं को बड़े ध्यान व प्यार से खोलती है। यह वर्ष उनके जन्म की चौथी शताब्दी के रूप में मनाया जा रहा है। भारत वर्ष के धर्म, संस्कृति, अस्मिता व अस्तित्व को बचाने के लिये; उन्होंने क्या-क्या किया यह इस पुस्तक में समाहित है। औरंगज़ेब की कट्टरता की आंधी के आगे गुरु जी ने अपने प्राण देकर भारत के सम्मान को बचा लिया। यह असाधारण कार्य कोई असाधारण पुरुष ही कर सकता था। पुस्तक के विभिन्न अध्याय उनके जीवन और उपलब्धियों के विभिन्न पहलुओं पर प्रकाश डालती हैं।

**प्रथम अध्याय**- 'ज्योतिपुंज का आगमन' में जन्म, परिवार, पृष्ठभूमि, शिक्षा, दीक्षा, लगन, विवाह, करतारपुर में तेग के जौहर, पिता के साथ दरबार अकाल तख्त व अन्य चर्चाओं का उल्लेख किया गया है। इतिहास के तारतम्य को बनाये रखने के लिये गुरु हरिराय जी, गुरु हर किशन जी का जीवन भी अति संक्षेप में दिया गया है। पिता के आदेशानुसार बकाले का वास, तप, चिंतन, संगतों को मिलना व सेवा की जानकारी दी गई है। इस समय आप धर्म के प्रचार-प्रसार के लिये तीर्थ यात्रा करते हुए पटना तक गये। गुरु नानकदेव जी द्वारा स्थापित संगतों व भूले-भटकों को राह दिखाने के लिये, मुगल दरबार का बदलता परिदृश्य औरंगजेब का सत्ता में आना व गुरु पुत्र रामराय का मुगल दरबार में करामातें दिखाना व गुरु गद्दी से बेदखल करने का वृतान्त दिया गया है। केवल पाँच बरस के बालक गुरु हरिकिशन जी को गद्दी कैसे मिली, गुरु जी का दिल्ली आगमन व चेचक महामारी की चपेट में आना उनका परलोक गमन व बाबा बकाले- अगले गुरु की तरफ इशारा हैं इन घटनाओं का वर्णन किया गया है।

**द्वितीय अध्याय**- 'गुरु लाधो रे' गुरु हरिकृष्ण जी ने बाबा बकाले अर्थात् नौंवे गुरु की घोषणा परम्परा के अनुसार कर दी थी पर

उसे पूरा करने में गुरु के शिष्यों ने काफी समय लगा दिया, बकाले में कई दावेदार पैदा हो गये पर गुरु घर के निकटवर्तियों व श्रद्धालुओं ने टीका करने की रस्म इस तरह से की कि गुरु संबंधी व गणमान्य सिख वही उपस्थित थे। यह माता नानकी की दूरंदेशी थी, धीरमल कटुता व शत्रुता नहीं छोड़ रहा था। मक्खण शाह लुबाणा किस तरह से असली गुरु को ढूंढते बकाला पहुँचते हैं और गुरु को पाकर आत्म विभोर हो जाते हैं– 'गुरु लाधो रे।' माझा के दौरे में कौन–से स्थानों पर गये यह सिद्ध हो गया है कि नानक शाही के वारिस गुरु तेग बहादुर ही है।

**तृतीय अध्याय**– 'आनंदपुर नगरी की स्थापना' है। कवि, कलाकार व तपस्वी गुरु जी का मन एक ऐसा शहर बसाने का था जो रमणीक हो, प्रकृति की गोद में हो और इस सपने को हकीकत में बदलने में देर न लगी। आनंदपुर साहिब की स्थापना शहर की योजना गुरु साहिब ने स्वयं की। अब गुरु जी पूर्व की तरफ यात्रा करना चाहते थे। गुरु नानक साहिब द्वारा स्थापित संगतें भी यह माँग कर रही थी कि इन दूरस्थ प्रदेशों में सिक्ख गुरु, गुरु तेग बहादुर जी मेहर करें। समस्त यात्रा का खर्च भी पूर्व के प्रदेशों ने उठाया। दिल्ली तक यह सफर इस अध्याय में आता है। गुरु जी के समाज कल्याण के कार्य भी इसमें समाहित हैं।

**चतुर्थ अध्याय**– 'यात्रा पूर्व की तरफ' है। औरंगजेब के साथ मुलाकात और उसकी नजरबन्दी से निकलकर गुरुजी पूर्व की यात्रा को जारी रखते हैं। अपने मार्ग पर दीन–दुखियों को तारते हुए गुरु जी आगरा, एटावा होते हुए प्रयाग राज पहुँचते है; जहाँ गुरु गोबिन्द सिंह जी माता गुजरी के गर्भ में आते हैं। प्रयागराज से मिर्जापुर व बनारस पहुँचते हैं। इस तीर्थ नगरी में साधु, सन्यासी, भक्त कबीर व रविदास जी के शिष्य व पंडित शास्त्रार्थ के लिये भी मिलते हैं। जौनपुर होते हुए गुरुजी का कारवां सासाराम पहुँचता है, यहाँ फग्गु की कथा तो

महत्वपूर्ण है ही पर गुरु जी के प्रवचनों का ऐसा प्रभाव हुआ कि नवाबों व रईसों ने कई एकड़ जमीन, बाग-बगीचे व महसूल चुंगी इकट्ठी करने के अधिकार भी धर्म व सामाजिक कार्यों के लिये अर्पण कर दिये। इस अध्याय में महत्वपूर्ण वर्णन गुरु जी के उस इतिहास को दुरुस्त करने का इतिहास है, जो आजादी के बाद से एन. सी.ई.आर.टी. की पाठ्य पुस्तकों में पढ़ाया जाता रहा है। गुरु जी के हुक्मनामों के हवाले से परिवार के प्रति एक जिम्मेवार व्यक्तित्व पुत्र, पति व पिता के रूप में खुलकर उभरता है। संगठन के कार्य के प्रति एक सचेत व समर्पित कुशल नेतृत्व ने उन्हें असंख्य ब्राह्मणों व क्षत्रियों का गुरु बना दिया। 'ढाका को मम सिक्खी का कोठा, ढाका' का वरदान दिया।

**पंचम अध्याय**- 'सुदूर असम व शांति-संधि' है पूर्व की यात्रा जारी रहती है। एक और वृतान्त लिखने के लिये किस तरह से गुरु जी राजा राम सिंह के साथ असम में सुदूर धूबड़ी तक पहुँचते हैं इसका उल्लेख इस अध्याय में किया हैं। इस अध्याय में अहोम जाति के अपने स्वतंत्रता के प्रति लगन व प्रयासों को उभारा गया है। मुगल निरंतर अपनी सैन्य व अस्त्र, शस्त्रों के बल पर अपने अधीन करना चाहते हैं पर अहोम इसका डटकर सामना करते हैं। औरंगजेब एक बड़े युद्ध की तैयारी के साथ राजा राम सिंह को इस अभियान पर भेजता है। दोनों तरफ की क्षति को बचाते हुए, रक्तपात व युद्ध के नुकसान को देखते हुए गुरु जी राजा चक्रध्वज अहोम व राजा राम सिंह के बीच शांति से संधि करवा देते हैं। यहाँ गुरु जी का एक और रूप उभरता है एक शांति दूत। शांति के समय ही नहीं वक्त पर युद्ध के मैदान में भी खरा उतरा और बराबरी की शर्तों पर संधि करवा दी थी। अहोम अपनी स्वतंत्रता, स्वाभिमान व स्व के लिये जूझ रहे थे, गुरु जी ने उनकी आन रखी। इस बीच औरंगजेब की बढ़ती हुई कट्टरता

व धार्मिक स्थलों को तोड़ने व गिराने की खबरें भी मिल रही थी। गुरु जी शीघ्रता से पंजाब पहुँचना चाहते थे। आप जगन्नाथ पुरी, पटना, बनारस, जौनपुर, अयोध्या, लखनऊ इत्यादि होते हुए दिल्ली के रास्ते जगाधरी, अंबाला, लखनौर से आनंदपुर साहिब पहुँचे। पंजाब विशेष कर मालवा भी प्रचार दौरों का इंतजार कर रहा था। बालक गोबिन्द दास जी का पंजाब आने का उचित समय जानकर उन्हें आनंदपुर साहिब बुलाया जाता है। यहाँ की व्यवस्था को गोबिन्द दास जी तथा कुछ विश्वसनीय सिक्खों के हवाले कर गुरु जी मालवा दौरा आरम्भ करते हैं व गाँव-गाँव घूमकर गिरे हुए मनोबल को स्वाभिमान व आन के साथ जोड़ते हुए समाज सुधार, धार्मिक प्रवचनों व अध्यात्म की खुराक देने का काम भी जारी रखते हैं।

**छटा अध्याय**- 'अद्वितीय शहीदी' है। गुरु जी की अद्वितीय शहीदी के कारणों व घटनाओं पर विशेष ध्यान दिया गया है। सरकारी नौकरियों को अधिक से अधिक मुसलमानों के लिये आरक्षित किया गया, हिन्दुओं के गुरुकुल व पाठशालाओं गिराने व धार्मिक व वैदिक ग्रंथों को जब्त करने के आदेश दिये गये। हिन्दुओं पर कई तरह के कर लगाये गये और मुस्लिम व्यापारियों से कई कर हटा दिये गये। मन्दिरों को एक बड़ी ही सोची समझी नीति के अन्तर्गत तोड़ा गया। औरंगजेब का प्रत्येक कदम केवल एक ही ऐलान कर रहा था, कि इस्लाम और केवल इस्लाम ही को फलने-फूलने का हक है। यह जुनून इतना अधिक बढ़ गया कि कश्मीर में तो मृत्यु या इस्लाम धारण करने के अतिरिक्त कोई रास्ता ही नहीं था। कश्मीर के ब्राह्मण आनंदपुर साहिब में गुरु तेग बहादुर के दरबार में फरियाद लेकर आते है। गुरु जी उनकी पुकार सुन इतने द्रवित हो जाते हैं कि उन असहाय व लाचार लोगों की बाँह पकड़ लेते हैं। जनेऊ, टीका या धार्मिक चिन्हों की रक्षा के लिये, धर्म की आजादी व मानवाधिकारों के लिये गुरु तेग बहादुर एक

निश्चय करते हैं। भारत के स्वाभिमान की रक्षा के लिये अपना बलिदान देने का निर्णय लेते हैं। दिल्ली की घटनाएँ साथियों समेत शहीदी को इस अध्याय में उभारा गया है।

इस पुस्तक को लिखने की प्रेरणा स्वयं अकाल पुरुष तथा गुरु तेग बहादुर जी ने दी इसमें कोई संदेह नहीं है। लिखने की सामग्री इक्ट्ठी करते हुए, उसको पढ़ते हुए कई विचित्र अनुभव हुए। गुरु जी की शहीदी ही लासानी नहीं है; जीवन व चरित्र भी लासानी है। लोकहित के कार्य, समाज की भलाई, जनता में जाकर अलख जगाना, दूरस्थ स्थानों की यात्राएँ, परिवार के प्रति जिम्मेदारी, उत्तर पूर्व में शांति की संधि सब कुछ तो अनोखा है। एक महान संगठन-कर्त्ता केवल संगतों को ही नहीं जोड़ रहे थे पर आनंदपुर जैसा शहर बसाकर नगरीकरण, व्यापार वाणिज्य व सिक्खों की आर्थिक अवस्था का भी ध्यान कर रहे थे।

कोई संदेह नहीं कि गुरु गोबिन्द सिंह जी जैसा बेटा भी तो किसी सन्त, भक्त, तपस्वी व हरमन प्यारे गुरु तेग बहादुर के यहाँ ही जन्म ले सकते थे जिन्होंने युग बदल दिया, समाज की धारा बदल दी।

इस काम का समस्त श्रेय केवल और केवल गुरु तेग बहादुर जी को है। परम पूजनीय गोबिन्द सदन के बाबा विरसा सिंह जी की कृपा निरंतर इस काम में चलती रही। मैं अपने बच्चों सोनाली, सुप्रीत, प्रभनूर सिंह उनके जीवन साथी अमित, गगन, अमन व इस बगिआ के नन्हें फूल अमितोज, मेहर, और अंगद, अपने पति उजागर सिंह जाली व बहन डॉली का भी धन्यवाद करना चाहती हूँ, जो निरंतर प्रेरणा के स्रोत बने रहे। आदरणीय भाई साहिब बाल मुकुन्द पाण्डेय जी का निरन्तर उत्साह वर्धन सराहनीय है। विभिन्न शोध संस्थानों के पुस्तकालय भाई वीर सिंह सदन ICHR को भी मेरा नमन है। हुक्मनामों व विभिन्न चित्रों को साभार फौजा सिंह जी की पुस्तक हुक्मनामें श्री

गुरु तेग बहादुर साहिब तथा डॉ. त्रिलोचन सिंह की पुस्तक गुरु तेग बहादुर साहिब से प्राप्त किया है।

ज्ञान पब्लिशर्स के श्री बी.पी. गर्ग की भी आभारी हूँ जिन्होंने सहर्ष इस कार्य को छापने का निर्णय लिया व पूरा सहयोग दिया।

जनवरी, 2022 **डॉ. सुरजीत कौर जोली**

# अध्याय- 1

# ज्योतिपुंज का आगमन

समकालीन विद्वान इतिहासवेता व कवि भाई नंदलाल के अनुसार-

*बर हर मुकबल कबूलि खुद अफजूदश*
*मसजूदुल आलमी जि फजलि खुद फरमूदश*

अर्थात्:- अकाल पुरुष ने उन्हें महापुरुषों में उत्तम स्थान प्रदान किया है। उन पर परमात्मा की, अपूर्व कृपा थी, वे सब लोगों के उपास्य बनें।

आप का व्यक्तित्व बहुमुखी व विलक्षण था, एक अद्वितीय धर्म रक्षक के रूप में आप का बलिदान अपने धर्म व विश्वास के लिये नहीं अपितु धर्म की स्वतंत्रता व मौलिक अधिकारों के लिये हुआ। तिलक व जनेऊँ धार्मिक चिन्हों की रक्षा के लिये यह बलिदान हुआ। आप भारतीय संस्कृति व इतिहास की वह अमूल्य निधि है, जिसने भारतीय मानस में धैर्य, निडरता व आत्मविश्वास के भावों को उजागर किया। एवं पूर्ण गुरु के रूप में आप ने सिक्खों को संगठित व सशक्त बनाया। एक महान कवि के रूप में आप की रचनाएँ वैराग्य व गर्व से परिपूर्ण है। भारत माँ का गर्वीला ज्योतिपुंज शस्त्र व शास्त्र, संघर्ष

व वैराग्य, आचार नीति, राजनीति, कूटनीति, युद्धनीति, से परिपूर्ण गुरुजी ने मुगल राज्य की नींव को हिला दिया था।

हिन्द की चादर श्री गुरु तेग बहादुर सहित विश्व इतिहास की अति विशिष्ट, महान विभूतियों में अग्रिम स्थान रखते हैं। गुरु जी ने उच्च धार्मिक व सामाजिक मूल्यों के लिये अपना जीवन उत्सर्ग कर दिया। अपने धर्म व विश्वास की रक्षा के लिये कई निष्ठावान मनुष्यों ने अपने प्राणों का बलिदान दिया, परन्तु धार्मिक विश्वास की स्वतंत्रता की मशाल जलते रहने के लिये आप ने श्रेष्ठ बलिदान दिया, धार्मिक अधिकारों व मानवता की रक्षा के लिये स्वाभिमान व 'स्व' की रक्षा के लिये आप का प्रतिरोध भी निराला था। भारतीय इतिहास में 'स्व' की लड़ाई निरंतर चलती रही सिर्फ उनके स्वरूप बदलते रहे, उसका वृत्तांत भिन्न-भिन्न था।

शान्त प्रतिरोध की वैराग्यमूर्ति, श्री गुरु तेग बहादुर जी का प्रकाश वैसाख वदी पाँच सम्वत 1678 तदनुसार 1 अप्रैल 1621 शुक्रवार को गुरु के महल अमृतसर में हुआ। आप का जन्म तेजस्वी पिता मीरी पीरी के मालिक गुरु हर-गोबिन्द जी के गृह माता नानकी जी की कोख से हुआ। गुरु तेग बहादुर जी के जन्म की खबर छटम पातशाह गुरु हर गोबिन्द जी को प्रभात के समय आसा जी की वार का कीर्तन सुनते हुए, श्री हरि मंदिर सहिब जी में प्राप्त हुई। गुरु पिता ने सिर झुका कर वंदना की और कहा कि यह बालक 'दीन रच्छ संकट हरे' होगा, जो निर्भय होकर तुर्कों की जड़ों को उखाड़ देगा।

'तब गुर सिस के बंदन कीनी अति हित चित लाये।
बिधिया कहे कस बिनती की कहै मोहि सत भाये।।'[2]

गुरु जी के व्यक्तित्व को संवारने व उभारने में माता नानकी जी का बड़ा हाथ था, क्योंकि आप स्वयं सबर शान्ति व सौम्यता की मूरत

थी। आप के नाम संस्करण के बारे में कुछ मतभेद है। इनके जन्म पर देग व तेग का धनी जानकर पिता ने आप का नाम तेगबहादुर रखा।

सुत बहादरी नेग करे है। शत्रु ब्रिंद को जंग खपै है।
याते 'तेगबहादुर नाम-धरयो विचार गुरु अभिराम।।43[3]

कुछ इतिहासकारों के अनुसार आप की त्यागमयी प्रवर्तियों के कारण आरम्भ में आप का नाम 'त्याग मल' रखा गया। 13 मई 1710 की 'अखबरात-ऐ दरबारे मौला' मुगल शासक बहादुर शाह के समय का वृतान्त देते हुए लिखता है 'ठीक बात यह है कि गुरु नानक की गद्दी पर बैठे (श्री) त्याग मल आसाम में मरहूम राजा राम सिंह के साथ थे और उन के बाद गुरु गोबिन्द सिंह उनकी गद्दी पर बैठे थे। इनको टेक-बहादुर भी कहा जाता है।' गुरु जी के चार बड़े भाई व एक बहन थी। भाईयों के नाम बाबा सूरजमल, बाबा गुरदित्ता, बाबा अणिराय व बाबा अटल था। आप की बहन वीरो आपको कई तरह के लाड़ लड़ाती थी। बचपन से ही आप की शिक्षा दीक्षा पर विशेष ध्यान दिया गया। गुरु हर गोबिन्द जी ने समय की प्रचलित रिवायत के अनुसार आपको चरण पाहुल तथा गुरमत नाम की दीक्षा तीन-चार वर्ष की अवस्था में ही दे दी थी। आप की आरम्भिक शिक्षा गुरमुखी लिपि के अक्षरज्ञान से हुई। भाई गुरदास जी, जिन्हें सिख धर्म का वेद व्यास भी कहा जाता है; ने आप को गुरुबाणी, ब्रज भाषा, हिन्दी, संस्कृत, भारतीय दर्शन तथा इतिहास में गहन शिक्षा दी। रामायण, गीता व कुरान भी आपको पढ़ाया गया।

व्यवहारिक शिक्षा व ज्ञान के लिये आप को बाबा बुद्ढा जी के पास रमदास पुर भेजा गया। गुरु नानक देव जी के घर का अर्थशास्त्र आज दुनिया भर में डंका बजा रहा है। नामजपो, किरत करो, वंड के छको (बाँटकर खाना) इन तीन सिद्धांतों पर आधारित सिख धर्म ने आज कोविड-19 2020 के समय बाँटकर खाने व जीने की जो

मिसाल समस्त विश्व में पैदा की है, वह उदाहरणीय है। लाखों की संख्या में भोजन की व्यवस्था के लिये छोटी से बड़ी सिक्ख संस्थाओं ने दुनिया भर में भूखों तक खाना पहुँचाया। जब मार्च 2021 में कोरोना की दूसरी लहर, कहर की तरह टूट कर आई तो गुरुद्वारों ने ऑक्सीजन का लंगर लगा दिया। इस में अतिश्योक्ति न होगी कि गुरु तेग बहादुर कोविड सेंटर को लक्खी शाह बनजारा हॉल में 400 बिस्तर का इंतजाम कर के गुरु के सिक्खों ने उनके जन्म के 400 साल बाद ऐसा अनुपम उदाहरण प्रस्तुत किया है। 'किरत', का अर्थ है मेहनत की गाढ़ी कमाई। इस किरत का पाठ अच्छी तरह पढ़ने व गुढ़ने के लिये आप को बाबा बुढ्ढा जी के पास भेजा गया, जो काफी वृद्धावस्था में भी कार व्यवहार में जुटे हुए थे। गुरु नानक साहिब ने करतार पुर बसाकर गृहस्थी व खेती-बाड़ी आरम्भ की थी जहां, गुरु नानक अपनी कमाई के तीन हिस्से करते थे। एक, गरीबों व जरूरतमंदों में बाँट दिया जाता था, दूसरा, लंगर में जाता था और तीसरे, हिस्से से अपनी व परिवार की जरूरतों को पूरा करते थे।

बालक तेग बहादुर की शिक्षा, दीक्षा व प्रशिक्षण का उन पर बहुत गहरा प्रभाव पड़ा। बचपन से ही आप जिस किसी को परेशान, दुःखी या जरूरतमंद देखते तो घर का कीमती-सामान भी दे देते थे। आपके बड़े भाई गुरुदित्ता जी के विवाह के समय जब आप मात्र चार वर्ष के थे, आपने अपनी कीमती पोशाक व कंगन उतारकर एक गरीब बालक को दे दिये। वह भी जब बारात चलने वाली थी। माँ के पूछने पर केवल यह कहा कि 'मुझे तो आप और भी दे दोगे, पर उस गरीब बालक को कौन देगा?' यही बालक बड़ा होकर धर्म, देश व मानवीय अधिकारों की रक्षा के लिये शीश भेंट करता है।

संगीत विद्या के लिये बाबाक नाम के एक मुस्लिम रबाबी ने लगन के साथ गुरु साहिब को संगीत में प्रवीण किया। यह आप का

मन भाता विषय भी था। बकाला रहते हुए भी आपने संगीत का भरपूर रियाज़ किया।

ऐसा प्रतीत होता है कि गुरुजी चिकित्सा विज्ञान का भी अच्छा ज्ञान रखते थे। वास्तव में गुरु हरिराय जी के दवाखाने में दुर्लभ जड़ी-बूटियाँ व दवाएँ उपलब्ध थी। गुरु हरिराय जी ने शाहजहाँ के बेटे दारा के इलाज के लिये दुर्लभ जड़ी-बूटियाँ भेजी थी, गुरु तेग बहादुर जी ने अपनी यात्राओं के दौरान कई प्राणियों का देसी दवाओं व जड़ी-बूटियों के द्वारा इलाज किया था। हैजा, कोढ़, तपेदिक व त्वचा रोगों से लोगों को निजात दिलवाई थी।

गुरु हरगोबिन्द जी के समय मीरी व पीरी की संकल्पना आने से अस्त्र-शस्त्र विद्या का ज्ञान लगभग आवश्यक हो गया था। मुगलों की कट्टरता लगातार बढ़ती जा रही थी, उसे रोकने के लिये आवश्यक था कि सैनिक शिक्षा प्राप्त की जाये। गुरु हरगोबिन्द जी ने तो आदेश ही दिया था कि गुरु घर को भेंट स्वरूप बढ़िया हथियार, लड़ाई का सामान व घोड़े इत्यादि दिए जाये। गुरु तेग बहादुर जी के सैनिक प्रशिक्षण के लिये भाई जेठा जी व भाई बिधि चन्द को नियुक्त किया गया। आप तलवार बाजी व घुड़सवारी में निपुण हो गये। कहा जाता है कि घोड़ों की नस्ल के भी आप अच्छे पारखी थे व पशु-पक्षियों व जीव-जन्तुओं के प्रति सहृदय व दया का भाव रखते थे। करतार पुर के युद्ध में आपने तलवार के ऐसे बेहतरीन जौहर दिखाये कि आप के पिता ने आपका नाम त्याग मल से तेग बहादुर रख दिया।

मात्र 13 वर्षीय तेग बहादुर ने 1634 ई. में करतार पुर के स्थान पर जलंधर के नवाब कुतुब खान व पेशवा के हाकिम काला खान के साथ उस समय युद्ध लड़ा, जब पैंदा खान के साथ मिलकर उन्होंने गुरु हर गोबिन्द जी पर आक्रमण किया था। तलवार के वार व पैंतरे तेग बहादुर इतनी तीव्रता से बदल रहे थे कि आप तलवार के धनी

कहलाये। अन्र्तमुखी होते हुए भी आप निपुण तींरदाज थे। तेग बहादुर जी का व्यावहारिक प्रशिक्षण गुरु हरगोबिन्द जी की अपनी देख-रेख में हुआ। गुरुजी के पास ज्ञान चर्चा, व व्यक्तिगत व सामाजिक परेशानियों के निदान के लिये साधु, संन्यासी, पीर, फकीर, संगते व जन साधारण आते रहते थे। दरबार के कायदे कानून व अनुशासन तेग बहादुर जी यहाँ चेतन व अवचेतन मन से सीख रहे थे। आप अपने पिता के आस-पास बने रहते, सब चर्चाओं को ध्यान से सुनते थे। तीरंदाजी का अभ्यास व पिता के शिकार खेलने के समय भी वह साथ ही रहते। आप अन्र्तमुखी थे, तपी व त्यागी थे पर अपनी जिम्मेदारियों के प्रति सजग व जागरूक थे। तेग बहादुर लंगर में सेवा करके, बर्तन साफ करके व पानी भर-भरकर व गर्मी के दिनों में संगतों पर पंखा फेरकर, गुरु मर्यादा में परिपक्व हो रहे थे।

गुरु तेग बहादुर जी का विवाह श्री लाल चन्द की बेटी माता गुजरी के साथ 16 सितम्बर 1632 में करतार पुर शहर में हुआ। इस विवाह में शामिल होने के लिये आम संगत व कई रिश्ते-नातेदार आये। गरीबों व जरूरतमंदों में अन्न व वस्त्र इत्यादि बाँटे गये। शहर में दीपमाला की गई। रिवायत के अनुसार माता गुजरी के पिता जी ने गुरु हरगोबिन्द जी को कहा कि न तो वह बारात की अच्छी सेवा कर पाये हैं, न ही दान-दहेज दे पाये हैं; तो गुरु जी ने कहा:-

'जिन तनुजा अरपन कीनो।
क्या पाछे तिन रख लीनो।'[4]

आज के इस भ्रूण हत्या के युग में यह एक बहुत बड़ी शिक्षा है।

सिक्ख गुरुओं को अगर शहरी क्रांति या शहरीकरण का अग्रणी कहा जाये तो न तो गलत होगा और न ही कोई अतिश्योक्ति होगी। लगभग सभी गुरुओं ने नये शहर बसाये और वहाँ की आवश्यक्ताओं

को पूरा करने के लिये आर्थिक व्यवस्थायें भी की। इस शृंखला में छटम गुरु ने कहलूर के राजा तारा चन्द से जमीन खरीदकर कीरतपुर साहिब की नीव रखी।[5] अपने बड़े बेटे गुरदित्ता जी को शहर की उसारी व निर्माण के लिये प्रोत्साहित किया व आशीर्वाद भी दिया। बाबा गुरदित्ता जी ने इस शहर की नींव बाबा श्री चन्द जी के कर कमलों से 23 अप्रैल 1624 ई. एक बावली की शुरुआत के साथ रखवाई।[6] गुरु हर गोबिन्द साहिब जी यहाँ पर लगभग नौ वर्ष तक शोभायमान (1635–1644) रहे।

गुरु हर गोबिन्द जी ने ज्योति जोत समाने से पहले 8 मार्च 1644 ई. में गुरु गद्दी अपने पौत्र श्री हरिराय जी को सौंप दी। महान कोष के अनुसार एक बड़े आयोजन में पाँच पैसे नारियल और पोथी श्री हरिराय जी के सामने रखकर माथा टेका व प्रदिक्षणा करके संगत को संबोधन किया।

'पुन सभ को गुर कही सुनाये।<br>मम सम अब जानो हरि राये।।'[7]

इस समय गुरु हरिराय जी की आयु केवल 14 वर्ष की थी और बाबा तेग बहादुर की आयु उन से नौ साल बड़ी थी। जब तेग बहादुर जी की माँ माता नानकी जी को यह पता लगा तो उन्होंने घबरा कर पति से पूछा कि, 'आप ने तो कहा था गुरुता आप के घर आयेगी' तो गुरु हर गोबिन्द जी ने उन्हें एक पोथी, रूमाल व कटार देकर कहा समय आने पर यह आपके घर अवश्य आयेगी आप का बेटा तो समस्त विश्व को तारेगा।'

श्री गुरु कहे तुम चिंत तज, समा पाय तुम आये।<br>तुम सुत नंदन अमित बल, सब जग करै सहाय।।[8]

गुरु जी ने यह स्पष्ट कर दिया कि गुरु गद्दी किसी का जन्म सिद्ध अधिकार नहीं है, परिस्थितियाँ, सेवा व सबसे ऊपर ईश्वरीय

हुक्म ही यह निर्धारित करता है कि गुरु गद्दी किस को मिलेगी। गुरु हर गोबिन्द जी ने कहा था कि 'किसी को कहने कहलाने या हक जताने की आवश्यकता नहीं है, जिसको परमेश्वर की तरफ से हुक्म लगा उसे दात मिल ही जानी है।'

माता नानकी जी को यह भी हुक्म हुआ कि वह बाबा तेग बहादुर को लेकर बकाला चली जायें जहाँ उनका मायका अर्थात् तेग बहादुर जी का ननिहाल भी था। माता नानकी जी के पिता हरिचंद तथा माता हरदेई वहीं पर रहते थे।

गुरु हर गोबिन्द जी के हुक्म अनुसार बाबा तेग बहादुर जी अपने परिवार के साथ कीरतपुर से बकाले पहुँच गये। बकाला अमृतसर जिले में तहसील का हेड क्वाटर है। उस समय यहाँ पर भाई मेहरा जी, एक अन्नय सिख ने नया घर बनाया था और यह प्रतिज्ञा भी की थी कि जब तक गुरु हर गोबिन्द जी वहाँ पर चरण नहीं डालेंगे वह निवास नहीं करेंगे, तब तक वह उस घर में रहने के लिये नहीं जायेंगे। गुरु जी ने उसकी इच्छा पूरी करते हुए शहजादे तेग बहादुर जी को वहाँ निवास करने का हुक्म दिया। यहाँ पहुँच कर तेग बहादुर जी अपने स्वभाव के अनुसार प्रभू स्मरण व समाधि में लीन रहने लगे।

लागी समाध इह विधि प्रकार।<br>
बोले न बचन को कहे हजार।।[9]

कई बार यह प्रश्न उठता है कि जब गुरुजी समाधि में ही लीन रहते थे तो लंगर, पानी व अन्य व्यवस्थाओं का खर्च कहाँ से चलता था? वास्तव में गुरु हर गोबिन्द जी ने यह प्रबन्ध स्वयं ही कर दिया था। भाई गड़ीया जी जो उस समय अमृतसर व श्री हरिगोबिन्द पुर क्षेत्र के मसंद[10] थे उनको यह आदेश दिया गया कि– श्री हरिगोबिन्द पुर का दसवंध[11] अब कीरतपुर न जाकर बकाले जाया करेगा। भाई गड़ीया जी समय–समय पर बकाले में वह राशि पहुँचाते रहे, जिससे लंगर

आदि खर्चे चलते रहे। तवारीख गुरु खालसा के अनुसार 'हरगोबिन्द पुरे के जमींदारें और बसती आमदनी से अच्छा गुजारा होता रहा और लोग भी सेवा करते रहे।'

यह सारी व्यवस्था कर के गुरु हर गोबिन्द जी अकाल पुरुष में लीन हो गये और बकाले में बाबा तेग बहादुर जी तपस्या में लीन हो गये। भाई मेहरा की हवेली में आपने एक भौरा बनवा लिया। भारतीय परम्परा के अनुसार पहले भी भारतीय साधु-संत व तपस्वी धरती में गहरा खुदवाकर एकांत में अपने तप के लिये स्थान बनवाया करते थे। गुरु तेग बहादुर जी का यह तप स्थान लगभग 6 फुट गहरा है व उसमें उतरने के लिये सात सीढ़ियाँ है। अमृतसर में अकाल तख्त के पास थड़ा साहिब में आनंदपुर साहिब व काशी में भी गुरु स्थानों पर भौरे हैं; जो लेखिका ने स्वयं देखे है। दिल्ली में माता सुंदरी की हवेली में भी ऐसा भौरा था जो बाद में संगमरमर का आलीशान भवन बनाने के लिये तोड़ दिया गया।[12]

बकाले रहते हुए बाबा तेग बहादुर जी कभी-कभी शिकार करने भी जाते थे, महिमा प्रकाश के अनुसार

जब कब कद चढ़ शिकार पर जावहि।
न ही लहे समां कोऊ दरस न पावै।[13]

प्रसिद्ध इतिहासकार फौजा सिंह के अनुसार, 'उनके शिकार पर जाने की कई साखियाँ मिलती है। उनके कुछ अस्त्र-शस्त्र भी मिल गये है। एक तलवार जिस पर उनका नाम लिखा है। महाराजा पटियाला के तोशेखाने में संभाली हुई है। आपके कुछ शस्त्र बड़ौदा के अजायबघर में भी है।'

बंसावलीनामा व भट्ट बहियों के अनुसार बाबा तेग बहादुर कुछ समय के लिये तीर्थ यात्रा पर चले गये थे। भट्ट व पंडा बहियों के अनुसार बाबा तेग बहादुर 1656-62 तक तीर्थ यात्रा या देशाटन कर

रहे थे भाटों का काम अपने यजमानों की पुरोहिती करना था। वह उनकी व उनके पूर्वजों की सफलताओं को गाकर सुनाते और बख्शीश हासिल करते थे। गुरु ग्रंथ साहिब में गुरुओं की प्रशंसा में रची गई भट्टो की बाणी भी संकलित है। पंडे तीर्थ स्थानों, कुरुक्षेत्र, हरिद्वार, गया इत्यादि में स्नान या अन्य कार्य से सम्बन्धित उनकी यात्रा का ब्यौरा अपने खातों या बहियों में लिखते थे।

यह ठोस रिकार्ड बन जाता था। पंडे अपने यजमान के भ्रमण का दिन, सम्वत, पिता-दादे का नाम व शहर या गाँव का ब्यौरा भी लिख लेते थे। प्रोफेसर प्यारा सिंह पद्म 'गुरु कीआं साखीयाँ' की भूमिका में यह वर्णन करते हैं कि बकाला रहते हुए गुरु बनने से पहले आप लम्बी यात्रा पर गये थे। भट्ट बही तलऊडां, परगना जींद यह रिकार्ड करती है कि 'गुरु तेग बहादुर जी बेटा हरगोबिन्द जी, महल छट्टे का, पोता गुरु अरजन का, सोढी खतरी, बासी कीरतपुर परगना कहलूर, सम्वत सतरह से तेरा असाढ़ प्रविष्टे, ग्यारह तीर्थ जाने की तैयारी की, गैल माता नानकी जी आई, स्त्री हरगोबिन्द जी की माता नेती आई, स्त्री गुरदित्ता जी की, माता हरि जी आई स्त्री गुरु सूरज मल की, बाबा बालू हसना ते बाबा अलमस्त जी आये चेले गुरदित्ता जी के, कृपाल चन्द आया, बेटा लाल चन्द सुभीखी का, दीवान दरगह मल आया बेटा दवारका दास छिब्बर ब्राह्मण का....।'[14] इस में ध्यान देने योग्य बात यह है कि यह भट्ट सभी गुरु पुत्रों को गुरु सम्बोधन करते हैं। तेग बहादुर इस समय बकाला में ही निवास कर रहे थे और गुरु हर गोबिन्द जी से यात्रा की आज्ञा लेने कीरत पुर गये, उनके साथ जाने वाली इस सूची में अधिकतर कीरतपुर के निवासी थे, जो इसे सुअवसर जानकर तेग बहादुर जी के संग हो गये। यह काफिला कुछ पड़ाव पार करते हुए लगभग 6 महीनों में हरिद्वार पहुँच गया। "पंडा बही भवानी दास सोढ़ियाँ" हरिद्वार के अनुसार 'लिखत तेग बहादुर

बेटा हरिगोबिन्द जी का, बासी कीरत पुर ताल्लुका राज कहलूर, सम्वत सत्रह षै तेरस मास की पुरनिमां दिवस श्री गंगा जी आये साथ स्त्री माता गुजरी जी आई, सणे संगे साथीआं, सुख के इश्नान' भाई संतोख सिंह के अनुसार–

तीरथ मजन कीन बहाना।
चाहै करन सिखन कल्याना।।[15]

गुरु नानक देव जी ने अपनी उदासियों और यात्राओं के दौरान जो संगते कायम की थी वह कालांतर में सिख गुरुओं व संगतों के साथ जुड़ी रही उनको मिलने व सिक्खी में दृढ़ करने के लिये श्री तेग बहादुर जी ने यह रटन किया, कुरूक्षेत्र, हरिद्वार, गढ़ मुक्तेश्वर, मथुरा, आगरा से प्रयाग राज व काशी होते हुए सासाराम, गया से पटना पहुँच गये। यही पर आपको हरिराय जी का परलोक गमन का समाचार प्राप्त हुआ। श्री तेग बहादुर जी पटना से पंजाब की तरफ चल पड़े, भट्ट बही पूरबी दखणी खाता बड़तीयाँ के अनुसार, 'श्री तेग बहादरु जी 1662 ई. में पटना से कीरतपुर पहुँच गये। 'गुरु तेग बहादुर जी, बेटा गुरु हरिगोबिन्द जी, महल छे, गुरु हरिराय जी की मातमी, परचावनी करने से आये, साल सत्रह से उन्नींस, शुक्ला पखे, माघ मास की पंचमी के दिवस।'[16]

इस समय मुगल दरबार में परिदृश्य बदल रहा था। दिसम्बर 1657 ई. में शाहजहाँ बीमार हो गया था उस समय उसका बड़ा बेटा दारा शिकोह दिल्ली में था व प्रशासन को संभाल रहा था। औरंगजेब इस समय दक्षिण में था और गद्दी का चाहवान था। वह पिता की बीमारी सुनकर उत्तर की तरफ कूच करने लगा। औरंगजेब ने अपने भाईयों शुजा व मुराद को भी इसमें शामिल करने के लिये साजिश रची। मुगल सत्ता के सिद्धांत में तख्त या तख्ता को सामने रखते हुए औरंगजेब सिंहासन पाने के लिये अपने भाईयों से युद्ध करता है और धर्मकोट व सामूगढ़ स्थानों

पर दारा सिकोह की हार हो जाती है। वह पंजाब की तरफ कूच कर जाता है। वहाँ गुरु हरिराय जी से उसकी भेंट होती है। दारा गुरुघर से काफी प्रभावित था क्योंकि उनकी कृपा व उनके दवाखाने की जड़ी-बूटियों विशेष प्रकार की हरड़ व लौंग से वह स्वस्थ हुआ था। गुरु जी में उसने रब के दर्शन किये थे और यह कहा था:-

वे फकीर रब की जात,
बेपरवाह जाहर करामात

गुरु हरिराय जी ने दारा को सैनिक सहायता देकर ब्यास नदी पार करवाई और वह सकुशल लाहौर पहुँच गया।

औरंगजेब दिल्ली के सिंहासन पर आसीन हो गया पर गुरु जी के द्वारा दारा की सहायता का शूल उसे चुभता रहा। उसने हरिराय जी को दिल्ली दरबार में पेश होने के लिये कहा। गुरु जी ने अपने बड़े बेटे रामराय जी जिनको कभी-कभी गुरु जी 'करता पुरख' भी कहते थे, को दिल्ली दरबार में भेजा, साथ ही खास हिदायत भी दी कि औरंगजेब के प्रत्येक प्रश्न का उत्तर निडर होकर देना है, केवल और केवल सच बोलना व किसी भी तरह की करामात नहीं दिखानी। महिमा प्रकाश की साखी 18 के अनुसार

सुनो पुत्तर मैं बचन जो कहै
तुमरे संग सदा मैं रहे।
दिल्ली पत सौ जाये तुम मिलो।
कछु संक मैं नहीं मन मैं गिलो।
तुमरा बचन सुफल सब होय।
तुम समान बली नहीं कोय।
जो पुछै सो सत कर दीजै।
कछु करामात प्रगट नहीं कीजै।5।

दिल्ली दरबार में राम राय ने औरंगजेब की प्रत्येक शंका का निवारण किया, पर पिता के आदेश को भूल गये। दरबार की चकाचौंध व वाह-वाह से अहंकार बली हो गया। राम राय ने मरा हुआ बकरा जीवित कर दिया, बन्द ताले खोल दिये, दिन में तारे दिखा दिये, मस्त खूनी हाथी पर चढ़ बैठे, कई तरह के फल व मेवे पेश कर दिये।[17]

गुरु घर के अनुसार यह करतब जादूगरों को शोभा देते हैं, अति तो तब हो गई जब राम राय ने गुरुबाणी के ही अनर्थ कर दिये। गुरु ग्रंथ साहिब, में एक पंक्ति आती है।

मिट्टी मुस्लमान की पेड़े पई कुम्यार
घड़ भांडे इंटा कीआ जलदी करे पुकार''

औरंगजेब से डरकर या उसे खुश करने के लिये राम राय ने कहा इस में गलत लिखा है, यह पंक्ति तो-

मिट्टी बेईमान की पेड़े पई कुम्हार है।

गुरु हरिराय के लिये यह बर्दाशत से बाहर था, आपके पास दिल्ली के सिक्खों से भी यह समाचार आ रहा था। राम राय गलत कर रहे हैं। गुरु नानक की वाणी को बदलने की हिम्मत व गुस्ताखी के कारण गुरु जी ने कहा।

गुरुता उचित नहीं राखिओ मान।
शब्द बिपरजै कीन बखान।
हम को मई न एह मन भावन
अब हमरै मुख लागै नाही।
रहहु आप तुरकेसुर माही।

राम राय जी काफी माफियाँ माँगते रहे पर जिस गुरु घर में गुरुबाणी की एक मात्रा भी नहीं बदली जा सकती, वहाँ शब्द व अर्थ

ही बदल दिये। इस बात का रोष सिक्ख जगत को था। गुरु हरिराय जी ने राम राय को पत्र लिखा, 'आपसे हुई यह भूल बख्शण योग नहीं, इसलिये आगे से आप हमारे माथे नहीं लगना'। इस परिदृश्य में राम राय का नाता गुरु घर से टूट गया। औरंगजेब ने राम राय को सात गाँवों की जागीर दी, जो देहरादून कहलाया। राम राय ने वहाँ अपना केन्द्र स्थापित किया।

गुरु तेग बहादुर जी के काल को समझने के लिये व सिक्ख इतिहास की निरंतरता को बनाये रखने के लिये यह काल खण्ड अत्यन्त महत्वपूर्ण है। गुरु हरिराय जी ने ज्योति जोत समाने से पहले अपने छोटे बेटे हरिकृष्ण को गुरु गद्दी सौप दी। जब हरिकृष्ण जी केवल पाँच बरस के थे। राम राय बागी हो गया था उसका दोष क्षमा के काबिल नहीं था और गुरु नानक की अखण्ड जोत के वारिस गुरु हरिकृष्ण आठवें नानक हो गये। आपने 1661 से 1664 तक गुरुता की विरासत को भली–भांति संभाले रखा। राम राय ने अपनी गलतियों के कारण यह अधिकार पहले ही खो दिया था पर वह निरंतर औरंगजेब के कान भरता रहा और गुरु घर के अन्य विरोधियों से मिलकर साजिश करता रहा। गुरु हरिकृष्ण को औरंगजेब के आदेश से दिल्ली बुलाया जाता है। गुरु हरिकृष्ण इसको साफ शब्दों में मनाकर देते है। ऐसे वातावरण में राजा जय सिंह जो गुरु घर का श्रृद्धालु था, उसे इस कार्य के लिये नियुक्त किया जाता है। राजा जय सिंह अपने दीवान परस राम को गुरु जी के लिये भेंटा इत्यादि देकर कीरतपुर भेजता है। गुरु जी को यह पैगाम भेजा जाता है कि दिल्ली के सिक्ख व राजा जय सिंह स्वयं उनके दर्शनों को आतुर है। बड़े ही आदर व सत्कार के साथ यह बेनती गुरु जी तक पहुँचाई गई। गुरु हरिकृष्ण जी इस बात पर चलने को राजी हुए कि वे केवल राजा के प्रेम के कारण वहाँ जा रहे हैं, बादशाह को दर्शन नहीं देंगे। राजा जयसिंह ने आपको

रायसीना स्थान पर अपने बंगले में ठहराया। औरंगजेब भी आपसे भेंट करना चाहता था, पर यह संभव ना हो पाया। बाला गुरु जी ने मिलने से साफ मना कर दिया।

इस समय दिल्ली में चेचक की बीमारी फैल गई। गुरु जी रात-दिन लोगों की सेवा में लग गये। आप जी ने दीवान दरगाह मल को हुक्म दिया कि सारा धन जनता की सेवा में लगा दिया जाये। बीमार लोगों के लिये जल का छोटा-सा चुब्बचा (Pond) भी बनवा दिया। गुरु जी के स्पर्श से वह रुहानी जल दवा की तरह काम करने लगा, लोग ठीक होने लगे। आज के इस महामारी के काल में कोविड-19 के दौरान जो सेवा दीन-दुखियों, लाचार व भूखे-प्यासों की इस बंगले, बंगला साहिब से हुई वह जग जाहिर है।

अति संक्रामक रोगियों में दिन-रात रहने के कारण यह संक्रमण आपको भी हो गया। वह बुखार से तपने लगे, शरीर छाले-छाले हो गया जब बचने की कोई उम्मीद ना रही तो सिक्ख संगतों ने पुकार करी-

किस आगे हम मस्तक टेकें
या ते संगत किस लड़ लावहु
गुरता उचित जाहि लख पावहु।[19]

भाई संतोख सिंह के अनुसार गुरुजी इस बात से सहमत हुए और गुरुयायी बख्शने की रीति के अनुसार पाँच पैसे व एक नारियल मंगवाया गया। वहाँ उपस्थित संगत को पास बुलाया गया। गुरु जी ने उस सामग्री को हाथ लगाया, हाथ घुमाकर तीन बार उस की परिक्रमा की और कहा-

बाबा बसह जे ग्राम बकाले
बलगुर संगत सदा समाले।[18]

तवारीख गुरु खालसा के अनुसार 'गुरु हरिकृष्ण सीतला निकलण नाल बीमार हो गये, ते इस समय 1100 रुपये दा कड़ाह प्रशादि कराके वंडिया ते इक नलीयेर, पंज पैसे गद्धी उते रख के मथा टेक दिता, ते बाबा बुढ्ढे दे पोतरे भाई गुरदित्ता दे हथ दे के बचन कीता 'बाबा बकाले'।[20]

इसके पश्चात गुरु जी निरंकार में लीन हो गए उनकी देह का अंतिम संस्कार भोगलपुर नगरी में यमुना के किनारे किया गया। आज वहाँ एक शानदार इमारत में गुरुद्वारा बाला साहिब व एक बड़ा अस्पताल चल रहा है।

गुरु जी की उम्र भले ही कम थी पर गुरु नानक की जोत उनमें पूरी तरह से प्रत्यक्ष रूप में काम कर रही थी। आपने दिल्ली के गलियों व कूचों में पहुँचकर रोगियों को राहत दी। चरण पाहुल व चुब्बचे का जल, भूखों को लंगर, वस्त्र व दवा दारू देकर शुभ वचनों से समाज सेवा की। निसंदेह दिल्ली की जनता का इतना दुख-दर्द बाँटा कि शरीर ही दिल्ली के कल्याण की भेंट चढ़ा दिया। आप 'दु:ख भंजन व दु:ख निवारण' हो गये। गुरु गोबिन्द सिंह ने तो दशम ग्रंथ में यह वरदान ही दे दिया।

श्री हरीकृष्ण ध्याईयैं
जिस डिठे सब दुख जाये।

## संदर्भ सूची

1. भाई नंदलाल ग्रंथावली पृ. 150, सम्पादित डॉ. गण्डा सिंह।
2. सोहन सिंह गुरुविलास पातंशाही 6, 1031 अध्याय 9
3. गुर प्रताप सूरज ग्रंथ, राशि 5 अंशु 64, अंक 43, पृष्ठ 1337
4. भाई संतोख सिंह गु. प्र. सू. ग्र. अं. 6 रा. 8

5. गुरुद्वारा प्रबन्धक कमेटी पब्लिकेशन, आनंद पुर साहिब ते कीरतपुर साहिब दे गुरुद्वारे।
6. बाबा श्री चन्द जी गुरु नानक साहिब के बड़े बेटे थे। आपने उदासी मत चलाया सिक्ख गुरुओं के साथ आपके संबंध मधुर व प्यार वाले थे। सभी गुरु आपका सम्मान करते थे। बाबा गुरुदित्ता जी को आपने गुरु हरगोबिन्द साहिब से माँगकर प्राप्त किया और अपनी गद्दी भी बाबा गुरदित्ता जी को सौंप दी।
7. गुरु बिलास पातशाही, 6 कवि सोहन सिंह कृत सम्पादक इन्दरसिंह गिल अध्याय 21
8. वही।
9. गुरु बिलास सुक्खा सिंह, 1.113
10. मसंद, गुरु द्वारा निर्धारित वह प्रतिनिधि जो संगत का मार्ग दर्शन करते थे व गुरु की भेंटा लेते थे।
11. दसवंध, कमाई का $1/10$ भाग जो धार्मिक व सामाजिक कार्यों के लिये होता था।
12. कार सेवा व भव्य गुरुद्वारों के निर्माण की होड़ में ऐतिहासिकता कैसे समाप्त हो रही है यह गहन विचार का विषय है। माता सुन्दरी की वह हवेली बहुत कुछ बयान करती थी पर आज व अन्य गुरुद्वारों की तरह ही एक भव्य गुरुद्वारा है।
13. महिमा प्रकाश साखी 191.1.8. पृ. 656
14. गुरु कीआं साखीयाँ प्रोफेसर प्यारा सिंह पद्म पृ. 14
15. भाई संतोख सिंह गुर प्रताप सूरज ग्रंथ, रास 12, अंशु 45
16. प्रिसिपल सेवा सिंह कौड़ा गुरु तेग बहादुर शख्सीयत, सफर, संदेश ते शहादत पृ. 52
17. सतबीर सिंह, इति जिन करी पृ. 26-27
18. भाई संतोखसिंह गुर प्रताप सूरज ग्रंथ रास 10 अंशु 52
19. वही।
20. तवारीख गुरु खालसा, पृ. 262

# अध्याय–2

# गुरु लाधो रे

आठवें गुरु हरि कृष्ण साहिब ने वैकुण्ठ गमन के समय श्रद्धालुओं की विनय बेनती पर कि आगे सिक्खी की बागडोर किसके हाथ में देकर जा रहे हो; गुरु जी ने कहा था, 'बाबा बकाले' गुरु गद्दी सौंपने की परंपरा के अनुसार सामग्री भी भाई दरगाह मल जी को सौंप दी थी, ताकि वह विधिवत नौवें गुरु के नाम की घोषणा कर सकें। 'बाबा बकाले' से एक बात तो स्पष्ट थी, कि अगला गुरु बकाले में ही है। इस बात का लाभ उठाकर बकाले में लगभग 22 दावेदार अपनी–अपनी मंजियाँ या गद्दियाँ लगा कर बैठ गये उनमें गुरुओं के बच्चों की संतानें व कुछ मसंद भी थे। यह भेखधारी थे, कपटी व कुटिल थे। भाई संतोख सिंह के अनुसार–

लोभी कुटिल कठोर महाना
दुष्ट मूढ़ शुभ पंथ अजाना[1]

महिमा प्रकाश के अनुसार–

धीर मल प्रगट तहां रहे
बैठा सिंहासन पूजा लहे।

वास्तविक गुरु तो अपने भौरे में तप में ही लीन थे, वे इन सब पर प्रपंचों से दूर थे और कोई भी दावा नहीं कर रहे थे। आपकी माता नानकी जी यह चाहती थी कि उनका बेटा भी बाहर आकर अपना दावा करें, संगत का प्यार पाये।

सुत यांते बैठहु बाहर
बोलहु मिलो होऐ सब जाहर
पिता तुमारे की यह गादी
करहु रीत जिम है धुर आदी।[2]

पर माता नानकी जी को अपने बेटे के अर्न्तमन की बात समझ आ गई थी कि वह प्रकट होने की कोई कामना या लालसा नहीं रखते हैं। संगत वास्तविक गुरु के दर्शनों के बिना अत्यंत व्याकुल हो रही थी।

डगमग मन संगत भइया दिड़ निसचौ मन नहीं होई
जिउं चात्रिक पिआस नीर की पै सो त्रिपत न सोई।[3]

गुरु हरिकृष्ण साहिब का अकाल चलाना (ज्योति–जोत) 30 मार्च 1664 को हो चुका था। कई महीने बीतने पर भी गुरु गद्दी की रस्म नहीं हुई थी। इस अंतराल से बकाले में कलह, द्वेष, दिखावा और नकलीपन काफी हद तक बढ़ चुका था। माता नानकी समझदार, विवेकशील तथा दूरंदेशी महिला थी, उन्होंने बाबा द्वारकादास तथा भाई गड़ीये जी को पत्रिका भेजकर बकाले बुलाया।[4] वह गुरु गद्दी की रस्म पूरा कर लेना चाहते थे, क्योंकि 'संगतें इस तरह से भटक रही थी जैसे मल्लाह के बिना नाव व नेता के बिना फौज हो जाती है।[4]

दिल्ली की संगत भाई दरगाह मल जी के साथ बकाले की तरफ रवाना हो गई। बाबा गुरदित्ता जी व भाई गड़ीया जी भी साथ थे। 'अमृतसर से बाबा बुद्ढा जी के पड़पोते बाबा गुरदित्ता जी संगत लै के आय गये।'[5] प्रमुख सिक्ख माता जी के साथ गुरु तेग बहादुर जी

के पास गये और बड़ी नम्रता से हाथ जोड़कर विनती की, कि आप ही गुरु हो और आपको इस तरह से छुपकर नहीं बैठना चाहिए। बाबा गुरदित्ता जी ने कहा "गुरुदेव हम श्री गुरु हरिकृष्ण साहिब के सचखंड गमन के समय वहाँ थे और बकाला में 'अगले बाबा' का ऐलान करने का कार्य हमारे जिम्मे लगा था अब हमें कोई शक नहीं है कि गुरु नानक देव जी की जोत आप में आ गई है, इसलिये अपनी जिम्मेदारी निभाते हुए आपको नौवें गुरु होने की घोषणा करते हैं।"[6]

11 अगस्त 1664 को 'माता बस्सी जी (माता बस्सी जो गुरु हरि-कृष्ण जी की दादी व गुरु हरिराय जी की माँ थी) ने वृद्ध बाबा श्री अरजनी मल को निकट बिठाया और गुरुयायी की वस्तुएँ- जिनको गुरु हरिकृष्ण जी का आशीर्वाद प्राप्त था; मंगवाई गई। दीवान दरगह मल जी ने माता जी की आज्ञा पाकर पाँच पैसे एक नारियल, तेग बहादुर जी के आगे रखकर माथा टेका। बाबे बुड्ढे के भाई गुरदित्ता जी ने दाएँ हाथ से गुरयायी का टीका (टिका) गुरुजी के मस्तक पर लगाया।'[7] सतबीर सिंह के अनुसार बाबा गुरदित्ता जी बाबा बुढ्ढा जी के पड़पोते थे। इसके पश्चात एक खुला दरबार लगाया गया। कीर्तन के बाद गुरु जी ने स्वयं कथा वार्ता की। गुरुजी का यश बढ़ने लगा विरोधी भी कम हो गए, लेकिन धीरमल ने दुष्टता छोड़ी नहीं। वह अपने को गद्दी का असल दावेदार समझता था और कई चालें चलता रहता था।'[9]

इसी बीच भाई मक्खन शाह लुबाणा का बकाले आगमन हुआ। वह असली गुरु को ढूंढते हुए बकाला पहुँचा था। विभिन्न स्त्रोतों के अनुसार मक्खन शाह मुजफ्फराबाद, कश्मीर के गाँव मोटा टांडा का रहने वाला था। इसके पूर्वज भी गुरु घर के श्रद्धालु सिक्ख थे। भाई मक्खन शाह एक व्यापारी था, यह ऐसा बनजारा था जो मुगल सेनाओं को रसद इत्यादि पहुँचाने का काम करता था मक्खन शाह का माल

ढोने का व्यापार भी था और कई समुद्री जहाजों का मालिक होने के कारण वह आयात निर्यात भी करता था।

समकालीन इतिहासकार लिखते हैं कि एक बार मक्खन शाह का जहाज भंवर में फँस गया, हवा भी विपरीत दिशा में चल रही थी जब जहाज में जिंदगीयाँ खतरे में पड़ी, तो मक्खन शाह ने गुरु नानक साहिब की गद्दी का ध्यान कर जपु जी साहिब पढ़ा व अरदास करी और मन्नत मानी कि अगर उसका जहाज सुरक्षित स्थान पर पहुँच जाये तो वह गुरु जी को 500 सोने की मोहरें भेंट करेगा।

कर चित इकागर जप को पढ़ा<br>
पुन सतगुरु जी का करा ध्यान<br>
मन मिटे भरम गुर लेत पछान।[10]

गुरु कृपा से पानी की तरफ धकेलने पर जहाज चल पड़ा

जब मैं श्री सतगुरु अगारी<br>
हवै निरास बेनती उच्चारी<br>
तब जहाज चल परयो तुरंता।<br>
एह मैं ही जानहु बिरतंता।[11]

यह वृतांत केवल मक्खन शाह ही जानते थे। माल बेचकर उसने काफी धन कमाया व सुरक्षित लौट आया। वह गुरु को मिलने के लिये आतुर था उसने शीघ्रता से दिल्ली की तरफ प्रस्थान किया। उसको तो यही पता था कि गुरु हरिकृष्ण दिल्ली में ही है। दसवंध व मन्नत की रकम लेकर जब दिल्ली पहुँचते हैं, तो यह समाचार मिलता है कि गुरु हरि कृष्ण ज्योति जोत समा गए हैं, व अब गुरु बकाले में हैं। मक्खन शाह अपने लाव लश्कर, पत्नी शोलजाई तथा बेटों के साथ 9 अक्तूबर 1664 को बकाले पहुँचे। अपना डेरा गाँव के बाहर ही लगा दिया। तम्बुओं की शान-शौकत सब तरफ हथियारबंद

पहरेदार लोगों के आकर्षण का केंद्र बन गये। अगले दिन सबको दो–दो मोहरें माथा टेकता रहा, पर किसी ने कोई प्रतिक्रिया नहीं की। धीरमल को पाँच मोहरें भेंट की, वह भी कुछ ना बोला। इनके प्रति मक्खन शाह के मन में न कोई श्रद्धा न ही भाव पैदा हुआ। जिसको मक्खन शाह ढूंढ रहा था वह इनमें नदारद था। फिर उसे तपा तेग बहादुर का पता चल गया। वह उन्हें भी आजमा लेना चाहता था। संतोख सिंह के अनुसार

इक गुरु हरिगोबिन्द को नंद
आखिउ तेग बहादुर चंद।

उनको मिलने के लिये मक्खन शाह एक बड़े जुलूस के रूप में चल पड़ा। धीर मल के प्रतिनिधि शीहे मसंद ने उन्हें रोकने की काफी कोशिश की पर समझदार मक्खन शाह बिना किसी झिझक गुरु घर पहुँच गया।

ले कर संग नरन की मीर,
चलियो परसिबे गुरु गंभीर।[12]

भीड़ को कुछ दूरी पर ही रोक दिया गया स्वयं मक्खन शाह अदब के साथ जाकर माता नानकी व अन्य प्रमुख सिखों को मिला जो गुरु जी का तिलक करने को आए थे। गुरु तेग बहादुर भक्ति में लीन थे, दो मोहरें आगे रखकर माथा टेका। गुरु जी का तप से चमकता नूर उन आँखों का सरूर मित्त भाषी, मीठी जुबान ने मक्खन शाह को रहमत से अंदर तक भर दिया। गुरु जी ने मुस्कुराकर कहा पाँच सौ की मन्नत माँगी थी अब दो ही क्यों।

गुरु घर की जो अहै उपायन
सो दीजै, नहीं राखहू आयन।[13]

कंधे की चोट के जख्म का निशान भी दिखाया जो जहाज को पानी में धकेलने पर लगा था और अभी तक पूरी तरह से सूखा भी नहीं था। मक्खन शाह आत्म-विभोर हो गया। निश्चय ही "सुध की न सुध रही, बुध की न बुध रही।" मतवाला-सा मक्खन शाह हवेली की छत पर चढ़कर पुकारने लगा

गुरु लाधो रे! गुरु लाधो रे!!

महिमा प्रकाश की साखी पातशाही नौवी के अनुसार

चढ़ ऊंचे मंदर ऐह सुणाऐया
आवो गुर सिख मैं सतगुर लाधा
जाकी महमा अगम अगाधा।

उत्साह में भरा मक्खन शाह समस्त संगत को हुंकार लगा रहा था सच्चा गुरु तो इधर है, वह क्यों भटक रहे है,

भुलिये संगत सुनहु सुकान।
सतगुरु लधा महद महान।।
संसै रिदै को तजि कै।
जनम सुधारहु श्री गुरु भजि कै।।[14]

अर्थात् दौड़-दौड़कर अपने गुरु के दर्शन करो, जीवन सफल करो और भूलो मत यह गुरु महान है। अब किसी को न तो भटकने की आवश्यकता है और न ही परेशान होने की।

चाहे गुरु साहिब की गुरगद्दी की घोषणा होते ही बहुत से भेखाधारी मंजीआँ छोड़कर भाग गये थे, पर धीर मल अभी भी यह मानने को तैयार नहीं था। वह गुरु हरिराय जी का बड़ा भाई होने के नाते अपनी दावेदारी को अधिक सबल समझता था। गुरु तेग बहादुर जी पर धीरमल के लोगो ने हमला किया। कीमती सामान भेंट इत्यादि लूट ली गई और गुरु साहिब को मारने के इरादे से गोलियाँ

भी चलाई गई। इससे गुरु जी के माथे पर चोट आई। इस समय सुघड़ व सशक्त माता नानकी जी ने आगे बढ़कर बेटे का लहू पोंछा व गरजते हुए कहा कि धीरमल सामने आकर दो-दो हाथ करें क्योंकि इस तरह कायराना हमला शोभा नहीं देता है। यह खबर शीघ्र ही मक्खन शाह जी को पहुँच गई वह अपने शस्त्रधारी साथियों व अंग रक्षकों के साथ वहाँ पहुँचा और ना केवल गुरु जी के सामान पर परंतु धीरमल के अस्त्र-शस्त्रों पर भी कब्जा करके गुरुजी के पास ले आये। गुरुजी ने धीर मल को माफ कर दिया, उनका सारा सामान वापस भेजा गया। धीर मल बकाला छोड़कर करतार पुर चला गया। गुरु ग्रंथ साहिब की जो बीड़ धीरमल के पास थी उसे भी वापस भेज दिया गया।

गुरु तेग बहादुर जी से आशीर्वाद पाने को संगतें दूरस्थ स्थानों से आने लगी। गुरु साहिब ने सभी मसंदों को दिवाली पर पहुँचने के लिये निमंत्रण भेजा।

गुरु नानक साहिब के मिशन व प्रोग्राम के प्रचार-प्रसार के लिये यह आवश्यक था कि प्रचार दौरों का आयोजन किया जाये। संगतों को उस समय के भारत के हालातों, औरंगजेब की बढ़ती कट्टरता से परिचित करवाना भी आवश्यक था। गुरुजी ने माझा के दौरे का आयोजन किया आपके साथ भाई मक्खन शाह लुभाणा, दीवान दरगह मल और कई अनुयायी थे। गुरु जी ने मक्खन शाह को यह जिम्मेदारी सौंपी।

इक दिन मक्खन शाह बखाना
श्री गुरुदेव आनंद निधाना
गुर अरजन जी रचियो सुधासर
तिन के पित उपदेस जो कर
तहा जान की है मम चाहू।[15]

अमृतसर की उस पावन धरती को नमन करने समस्त काफिला घोड़ों पर सवार होकर चल पड़ा। गुरु जी कुशल घुड़सवार व तीरंदाज थे। आपकी व्यक्तिगत घोड़ी भी थी व घोड़ों से लगाव भी था। अमृतसर की तरफ बढ़ते हुए गुरु साहिब 'काले के' गाँव से जब जा रहे थे तो नाहरू नाम के एक लड़के को देखा; जो खेतों की रखवाली करते हुए मिट्टी के बर्तनों में दाने डाल रहा था, कुछ बर्तनों में पानी भी रख रहा था। गुरु साहिब को अच्छा लगा यह पूछने पर कि क्या कर रहे हो, उस लड़के ने कहा 'पक्षियों को भी भूख व प्यास लगती है उनके लिये दाना व पानी रख रहा हूँ।' गुरु जी पर्यावरण, प्रकृति व जीव जन्तुओं से बहुत प्यार करते थे। जानवरों के प्रति उसके भाव व प्यार को देखकर गुरु जी अति प्रसन्न हुए और वह बच्चा भी गुरुजी से इतना प्रभावित हुआ कि उनके साथ ही चल दिया।[16] इसने गुरु घर को बड़ी सेवायें दी। अमृतपान कर के वह भाई नाहर सिंह बन गया और गुरु गोबिन्द सिंह जी की सेवा करता रहा।[17]

विश्व के इतिहास में अमृतसर का स्वर्ण मंदिर व हरि मंदिर का विशेष स्थान है। विश्व के ऐतिहासिक धरोहर के रूप में यह World Heritage Monument है। इसकी स्थापना चौथे गुरु रामदास जी के समय हुई व हरि मंदिर में केवल गुरबाणी के कीर्तन की प्रथा व श्री गुरु ग्रंथ, साहिब का प्रकाश गुरु अर्जुन देव जी पाँचवे गुरु ने किया। गुरु अर्जुन देव जी की शहीदी जहांगीर के द्वारा 1606 ई. में हुई और छटे गुरु हरगोबिन्द जी को गिरफ्तार कर लिया गया। तो पृथ्वी चंद ने हरिमंदिर साहिब पर कब्जा कर लिया था। यहाँ तक कि उसके बेटे सोढ़ी मेहरबान ने रागों में कुछ रचनायें भी की, उसका बेटा हरजी भी कवि था और रचनायें करने लगा पर इनकी रचनाओं को बाणी का दर्जा प्राप्त नहीं हुआ। भाई गुरुदास जी इसको मीणों की रचनायें कहते हैं, जो सिक्खों में स्वीकार्य नहीं है।

नवम्बर 1664 ई. में जब गुरु तेग बहादुर अमृतसर यात्रा पर आते हैं, तो सोढ़ी हरजी हरिमंदिर के दरवाजे व कीर्तन इस लिये बंद करवा देते हैं कि कहीं गुरुजी उस पर कब्जा न कर लें। बहाना यह बनाया गया कि मसंदों ने दरवाजे बन्द कर दिये है इस घटना में उसकी कोई भूमिका नहीं थी। भट्ट बही तुमार बजलोटन के अनुसार नौवें पातशाह हर जी को दोहरी चाल चलते देखकर अकाल तख्त के पास एक थड़े पर ही विराजमान हो गये।[18]

यह एक ऐतिहासिक घटना है। गुरु नानक की गद्दी के वारिस को हरिमंदिर के दर्शन नहीं करने दिये। भाई मक्खन शाह इनको सबक सिखाना चाहते थे पर गुरुजी ने रोक दिया। यहाँ पर गुरुद्वारा थड़ा साहिब है व संगतें श्रद्धा से उसके दर्शन करती है। मसंदों के प्रति कुछ मलाल जरूर था क्योंकि कोई भी मसंद गुरु जी का स्वागत करने या मिलने नहीं आया। इस समय गुरु जी ने इन शब्दों का उच्चारण किया

नह मसंद तुम अमृतसरीये।
त्रिशनागन ते अंतर सड़ीये।।[19]

यह अमृतसर के निवासियों के लिये कदाचित उचित नहीं था। जब अमृतसर की कई नारियाँ इक्ट्ठी होकर मसंदों व हरजी के व्यवहार से क्षुब्ध होकर गुरु जी से माफी माँगने पहुँची, तो उनको वरदान प्राप्त हुआ 'माईयाँ रब रजाईयाँ' अर्थात् अमृतसर की नारीयाँ सदा भरपूर रहेगी। संगत के साथ गुरु साहिब ने सरोवर में स्नान किया थड़े पर कीर्तन व बचन विलास हुआ और काफिला वला गाँव की तरफ चल पड़ा।

कहा जाता है कि यहाँ हरहाँ नाम की महिला जो सिख धर्म की प्रचारिका थी उसकी प्रार्थना पर गुरु साहिब आये थे। पहले वह गाँव से कुछ दूरी पर दमदमा साहिब के स्थान पर रूके; वहाँ से माता हरो

व गाँव की अन्य संगतें आदर सहित गुरु जी को गाँव में ले गई।[20] गाँव की अन्य महिलाओं के साथ गुरुजी की आव भगत की, लंगर पानी तैयार किया और गुरु साहिब ने प्रसन्न होकर इस गाँव को वरदान दिया 'वला गुरु का गल्ला' अर्थात् यह गाँव गुरु का खजाना है। यह वरदान गाँव की सुख समृद्धि का सूचक है।

सेवा सिंह के अनुसार यहाँ से गुरु जी घुकेवाली गाँव गये, जहाँ आपने संगतों को एक बाग लगाने तथा कुआँ लगवाने की प्रेरणा व उत्साह दिया। यह प्रकृति व पर्यावरण के प्रति गुरु जी के प्रेम व समर्पण को दर्शाता है।

इसके पश्चात् आप तरन तारन, खडूर साहिब व गोंइदवाल के दर्शनों के लिये गये। तरन तारन के सरोवर में स्नान किया। गुरु अर्जुन देव जी द्वारा स्थापित कोढ़ी घर में जाकर अपने कर कमलों से कोढ़ियों की सेवा की और उस स्थान में विकास के लिये धन राशि भी दी।

माता भानी जी द्वारा स्थापित कुएँ पर भी वंदना की और तत्पश्चात आप खडूर साहिब गये और कई दीवान सजाये। यहाँ से बाबा द्वारकादास जी आदर सहित आपको गोइंदवाल साहिब ले गये। गुरु अमरदास तृतीय गुरु जी ने पानी की कमी को देखते हुए यहाँ पानी की बाऊली (Step well) खुदवाई थी जिसकी 84 सीढ़ियाँ है।

श्रृद्धालु इसे 84 जूनों को काटने वाली बाऊली बोलते हैं गुरु की साखियाँ कहती हैं कि 'पोख की अमावस (मसिआ) के दिहुं श्री बाऊली साहिब का आये दर्शन किया। सिख संगतों गुरु जी का आना सुन चवा दिसां से दीदारे पानें आईया।'[21]

गुरुजी खेमकरन के चौधरी भाई रघुपत राय व उसके बेटे मूलचन्द की विनती पर खेमकरन पहुँचे[22] गुरु कीआं साखीआं के अनुसार 'यहाँ गाँव की संगत ने गुरु जी की बड़ी टहल की। पदरां दिवस

सतगुरु जी ऐस नगरी में रहे। भाई रघुनाथ राय ने एक घोड़ी गुरुजी की असवारी के लिये भेंट की।'[23]

काफी लम्बे समय से मालवा व लक्खी जंगल की तरफ प्रचार का कार्य नहीं हुआ था। यहाँ पर भी धर्म के कार्य को संगठित व देश में घट रही घटनाओं विशेषकर औरंगजेब की बढ़ती कट्टरता से परिचित करवाना आवश्यक था। श्रद्धावान सिख संगतें गुरु जी के दर्शन करना चाहती थी और लक्खी जंगल की तरफ जाकर गुरु जी ने उनकी इच्छा को पूरा किया। महिमा प्रकाश के अनुसार-

गुर लक्खी जंगल कीआ प्याना।
सिखन की श्रद्धा मन माना।।
...पुन साबो की तलवंडी गये
तिस देस में काल कछुक रहे।

सरुप सिंह के अनुसार 'सतगुरां चाढदे साल सतारां से बाईस (सन् 1665) की बैसाखी का त्यौहार इसी नगर में मनाया, 'इस नगर में पानी की बड़ी त्रोट (कमी) थी। गाँव में बड़ी ढाब ना होने के कारण मल मवैशी तिहाया रहता सी। बिसाखी के लगे दरबार में गाऊं के जमींदारां इस घाट को पूरा करने के लिये बेनती कीती। अंतरजामी सतगुरां बचन किया, कसीआं (फावड़े) ले आऊ, सिंह गाऊं के कसीआं ले आये। गुरु जी ने प्रथमें आप कसी पकड़ सतनाम कह के पाँच टक लाये। उपरंत नगर निवासीआँ तला (तालाब) खोदना शुरू कर दिया।[24]

महान कोश के अनुसार इस तालाब का आरंभ गुरु जी ने अपने कर- कमलों के द्वारा कीमती दुशाले में मिट्टी गाद या कीचड़ निकालकर किया।[25]

अपने यहाँ लंगर भी चलाये। आज यह महत्वपूर्ण स्थान दम दमा साहिब कहलाता है। इस स्थान को 'गुरसर' दरबार को 'विश्वनाथ' व

देग को 'अन्नपूर्णा की देग' कहते है।[26] यहाँ से धरमू के कोट व गोबिन्दपुर होते हुए गुरुदेव धमतान पहुँचे। इस स्थान पर गुरु जी ने डेरा एक पुराने तालाब के किनारे लगाया जिसे लव-कुश का तालाब कहते थे। संगतें दूर-दूर से दर्शनों के लिये आ रही थी। यहाँ पर भाई राम देव जी की सेवाओं का उल्लेख काफी उचित है। पानी की कोई कमी संगत को न रहे यह सोचकर राम देव दिन रात अपने सिर पर पानी ढोते रहे। जल का छिड़काव हो या जल पिलाने का काम, वह खुशी से करते रहे। एक बार गुरुजी ने कहा कि तुम तो बारिश ही कर देते हो। उसका नाम ही 'मींह साहिब' हो गया मींह पंजाबी में वर्षा को कहते हैं। गुरुजी ने जब उसके सिर से ईनू उतारा तो जख्म भरे हुए थे, अपने हाथ से उन्हें साफ किया और उन्हें बख्शिश सौंपी। भाई राम देव को एक नगाड़ा, झंडा, सेली व एक दखणी बैल की बख्शिश की और हुक्म दिया कि इस बैल पर नगाड़ा रखो और गाँव-गाँव नाम, बाँटो व संगत को सेवा का महत्व समझाओं। भाई मींहा जी ने मुरादाबाद, लखनऊ, बाराबंकी, नवाबगंज इत्यादि स्थानों पर धर्म का प्रचार किया।

लेखिका को गढ़ मुक्तेशवर व मेरठ के बीच में एक ऐसे धार्मिक स्थल को देखने का मौका मिला जो गाँव मानपुर में स्थित है। यहाँ पर एक नगाड़ा है जिसकी पूजा भी की जाती है व उस के इतिहास को भी बताया जाता है। जनश्रुति के अनुसार इस गाँव में गुरु जी आये थे जिनके पास घोड़े थे, दो घोड़े चोरी हो गये। जैसे ही चोर सिवाना गाँव से बाहर निकले तो वह अंधे हो गये जब उन्हें गुरु जी के पास लाया गया तो उन्होंने कहा इन चोरों ने रात भर हमारे घोड़ों को घुमाया व चारा खिलाया है इसलिए इन्हें अधिक परशादे (लंगर) दिये जाये। अफसोस की गुरु जी का नाम किसी को भी याद नहीं है।

जाते हुए गुरु जी गाँव की आव भगत व श्रृद्धा से इतने दयालु हुए कि गाँव को यह नगाड़ा भेंट दिया व बहुत से वरदान भी दिये। इस गाँव में सांप नहीं काटेगा, भेड़िया मुँह नहीं खोलेगा, ओला वृष्टि नहीं होगी व फसलें नष्ट नहीं होगी। गाँव वालों का आज भी दावा है कि गाँव में ऐसी दुर्घटना कभी नहीं हुई, कोई झूठी कसम भी नहीं खाता। ओलावृष्टि में नगाड़ा बजाने पर ओले पड़ने रूक जाते हैं। कहा जाता है कि गुरु जी के कहने पर पहले रेत की एक ढेरी बनाई गई और गुरु नानक देव जी के नाम से उसकी पूजा आरंभ हो गई फिर चबूतरा बना उसकी पूजा होती रही अब यहां एक गुरु घर है जहां पर यह नगाड़ा, एक धूनां (हवन) गुरु नानक साहिब व बाबा श्री चन्द जी के चित्र सुशोभित है। श्रृद्धालु 'गुरु महाराज जी जय' का उदघोष करते हैं व कड़ाह प्रसाद या हलवा का प्रसाद ही चढ़ता है। (तस्वीरें पुस्तक के साथ संलग्न हैं) इस गुरु घर की प्रबंधक कमेटी का यह कहना है कि अगर यह नगाड़ा चला गया तो गाँव भी चला जाएगा।

इतिहास की पुस्तकों में जब इस को खोजने का प्रयास किया तो दो बातें उभर कर सामने आई। एक तो वह गुरु साहिब सिक्खों के छटे गुरु हर गोबिन्द जी हो सकते है क्योंकि वह गढ़ मुक्तेशर गये थे, वह घोड़े व नगाड़े भी रखते थे।

यह भी हो सकता है कि गुरु तेग बहादुर जी ने जब भाई मींहा साहिब को उदासी बख्शिश दी तो नगाड़ा भी दिया था वह इस क्षेत्र में प्रचार भी करते रहे। धूणे हवन व श्री चन्द जी की पूजा अर्चना के कारण यह नगाड़ा उसी समय का हो सकता है। शोध का विषय है पर निस्संदेह यह एक ऐतिहासिक स्थल है।

धमतान से गुरु साहिब कीरत पुर पहुँच गये। दीवान दरगाह मल वृद्ध अवस्था में थे, निस्संदेह उनकी सेवा महान है। ऐसी निष्ठा, श्रद्धा

व भक्ति से ही मिशन चलते हैं। उनकी सेवा निस्वार्थ थी। गुरु नानक साहिब के मिशन को और ऊँचाईयों पर ले जाना चाहते थे, मानवता के प्रति जो दर्द उनको परेशान कर रहा था उसके लिये आवश्यक था कि गुरु घर का प्रबन्ध सुघड़, सयाने व कुशल सलाहकारों व कार्यकर्त्ताओं के हाथ में हो। भाई मती दास, भाई सती दास व भाई दयाल दास जी की नियुक्तियाँ दीवानों के रूप में की गई। केसर सिंह छिब्बर के अनुसार–

सती दास, मती दास, गुरु तेग बहादुर नूं कहिया।
जी मसंदा नू सिरोपऊ भेजो जिथे कोई रहिया।।

गुरु जी ने दिल्ली, लखनऊ, इलाहाबाद, पटना, ढाका, पेशावर, काबुल व श्रीनगर के मसंदों को हुक्मनामे भेजे व उनको सिरोपऊ भी भेजे गये। लोग संगते लेकर बैसाखी के पर्व पर कीरत पुर पहुँचे अपने साथ दसवंध भी लायें। काबुल में काफी लम्बे समय से मसंद भाई चेता व भाई गोंदा जी प्रचार कर रहे थे। उन्हें भी सबकी तरह साधारण सिरोपाऊ (सम्मान सूचक वस्त्र) भेजे गये।

धीरमल को जैसे ही यह सूचना मिली उसने भी बड़े कीमती ज़री के सरोपऊ बैसाखी में करतार पुर आने के लिये भेजे। काबुल का एक वृतान्त महत्वपूर्ण है। जब वहाँ यह महंगे सरोपऊ धीरमल ने भेजे जो गुरु तेग बहादुर जी के साधारण वस्त्रों के सामने काफी चमक दमक वाले थे तो कुछ संदेह अवश्य उठे होंगे। संगत ने निर्णय किया कि सच के तराजू में दोनों को तोला जाये तो भ्रम मिट जायेगा। जब दो तरफ यह गठड़ियाँ रखी गई तो गुरु जी की गठड़ी भारी निकली; धीरमल की हलकी होकर ऊपर चढ़ गई–

गुरु तेग बहादुर दी नींवी।
धीरमल दी चढ़ी अटारी।।[27]

सब तरह के संशय समाप्त हो गये। गुरु तेग बहादुर ही नानक शाही के वारिस है, यह और मजबूती से स्थापित हो गया। गुरु जी के कीरत पुर पहुँचने पर सिख सेनापति, सिख फौजें, खजाना इत्यादि गुरु जी को सौंप दिये गए। आध्यात्मिक सत्ता व भक्ति के सूचक सभी चिन्ह अब गुरु तेग बहादुर जी के पास थे। नानक शाही के वारिस गुरु तेग बहादुर थे।

## संदर्भ सूची

1. भाई संतोख सिंह गु. प्र. सू. रास 11, अंसु 11
2. भाई संतोख सिंह गु. प्र. सू. रास 18, अंशु 6
3. महिमा प्रकाश 191.1.6
4. भाई द्वारकादास–गुरु अमरदास जी के वंशज, भाई गड़ीये जी गुरु हर गोबिन्द जी के अन्य सिख थे।
5. सतबीर सिंह, इति जिन करी पृ. 35
6. भट्ट सेवा सिंह गुरु की आं साखियाँ साखी न 19 पृ. 6
7. Dr. Tarlochan Singh Guru Tegh Bahadur Prophet and Martys p. 125.
8. भट्ट सरूप सिंह कोशिश, गुरु कीआ साखीयाँ साखी न 19, पृ. 67।
9. धीरमल बाबा गुरदित्ता जी के सबसे बड़े बेटे थे और गुरु हर गोबिन्द जी के पोते थे।
10. संतोखसिंह गु. प्र. सू. रास–11
11. वही।
12. भाई संतोख सिंह गु. प्र. सू. ग्रंथ रास 11 अंशू 7
13. वही।
14. भाई संतोख सिंह सूरज प्रकाश, अंस 9 रास 11
15. संतोखसिंह गु. प्र. सू. रास 11, अंशु 21
16. प्रिसिपल सेवा सिंह कौड़ा, गुरु तेग बहादुर पृ. 93
17. प्रिसिपल सतबीर सिंह, इति जिन करी, पृ. 56

18. सतबीर सिंह, इति जिन करी, पृ. 45
19. भाई संतोख सिंह, गु. प्र. सू. रास 11 अंशु 22
20. डॉ. सुखदयाल सिंह गुरु तेग बहादुर मार्ग, पंजाब पृ. 31
21. सरूप सिंह कोशिश, गुरु कीआं साखीयाँ संपादक प्यारा सिंह पदम, साखी नं. 2, पृ. 69
22. The Encyclopedia of Sikhism Vol. II, p. 496.
23. गुरु कीआं साखीयाँ, साखी नं. 22, पृ. 69
24. सरूप सिंह कोशिश, गुरु कीआं साखीआं साखी नं. 22 पृ. 69
25. भाई काहन सिंह नाभा, महान कोष पृ. 620
26. सतबीर सिंह, इति जिन करि, पृ. 49
27. बंसावलीनामा, चरण, नौंवा

## अध्याय-3

# आनंदपुर नगरी की स्थापना

सभ्यता के विकास से लेकर शहरीकरण की प्रक्रिया चलती आ रही है। सिख गुरु इस मंत्र से भली-भांति परिचित थे। गुरु नानक साहिब से लेकर लगभग सभी गुरुओं ने नये शहरों को बसाया और शहरीकरण को विकास के साथ जोड़ा। कुछ इतिहासकार इसे गुरुओं की मजबूरी समझते थे पर वास्तव में आर्थिक विकास व व्यापार वाणिज्य को बढ़ावा शहरों से ही मिलता है यह बात सिख गुरुओं की अर्थ व्यवस्था में काफी सटीक बैठती है। अमृतसर का विकास इसका बहुत बड़ा उदाहरण है। गुरु तेग बहादुर जी कीरतपुर के वारिस थे पर वह एक नया शहर बसाना चाहते थे। एक ऐसा आलौकिक शहर जो थोड़ा अलग व हटकर हो जहाँ रिश्तेदारियों की जलन व तृष्णा की अग्नि न पहुँचे। शहर भी ऐसा जो रमणीक सुन्दर स्थान पर हो जहाँ शांति प्यार व सुख से रहा जा सके। पहाड़ व प्रकृति के सुन्दर नज़ारों से भरा ऐसा स्थल जो अगंम, अडिग व अजित भी हो। माखोवाल ऐसे ही मनोहारी वातावरण से भरपूर था। धौला धार की बर्फ से ढकी श्रृंखलायें, नैना देवी के पहाड़ व पास ही बहती सतलुज नदी एक असीम सुख व आनंद का वातावरण पैदा करते थे। भाई संतोख सिंह के अनुसार-

सुख से बास करहि निज पुर मैं
मतसर ते न तपै को उर मैं[1]

एक योजना बद्ध शहर जहाँ मंडिया, व्यापारिक केन्द्र, मौहल्ले, बाजार सभी व्यवस्थित व सुन्दर हों इसके लिये उनके जहन में एक तस्वीर थी। गुरु जी स्वयं ऐसे स्थान की खोज में आसपास की पहाड़ियों में विचरण करते थे।

इसी बीच बिलासपुर के राजा दीपचंद की मृत्यु हो गई। दीपचंद राजा ताराचंद का बेटा था, जो ग्वालियर के किले में कैद था। गुरु हरगोबिन्द जी ने जब वहाँ से 52 राजाओं को 52 कलियों वाला 'चोला' पहना कर रिहा करवाया था तो राजा ताराचंद भी उनमें से एक था। राजपरिवार इसलिये गुरु जी का अहसान मानता था, सम्मान करता था। रानी चंपावती ने राजा दीपचंद की अंतिम क्रिया में शामिल होने के लिये गुरु जी से विनती करी। राजा दीपचंद की गुरु घर में अपार श्रद्धा थी उनके प्यार को देखते हुए गुरु जी इसमें शामिल होते हैं। सभी रस्मों के बाद गुरुजी कहलूर का इलाका खरीदने की बात रानी के साथ करते हैं। रानी चंपावती कहलूर का गाँव गुरुजी को भेंट करना चाहती है पर गुरु जी इस स्थान को पैसा देकर खरीदना चाहते हैं और इस बात पर सहमति बन जाती है। गुरु जी 500 रुपये राजमाता जलाल देवी को देकर माखोवाल का पट्टा अपने नाम करवा लेते हैं।

जर खरीद कर पटे लिखाये।
ले सतगुर निज निकट रखाये।[2]

गुर बिलास पातशाही 10 के अनुसार

आन बसाऊ चक तब अनंदपुर की जाये
जर खरीद जगा ले जाणा

नगर रचिओ अच्छा सुखदाना
माताजी के इसम निधाना।

एक ऐतिहासिक स्थान माखोवाल गाँव जो कीरतपुर से केवल पाँच मील दूर था, उसको नई धार्मिक-स्थली बनाने के लिए चुना गया। जिसका नाम नानकी-चक रखा गया।

भट्ट बही सिन्धी मुलतानी खाता जलहाना के अनुसार 'गुरु तेग बहादुर महला नौवां, बासी कीरतपुर नाल सतरै सै बाईस असाढ़ इक्कीस सोमवार के दिंहु माखोवाल ग्राम के थेह ते बाबा गुरदित्ता जी रंधावा बंस बाबा बुढ्ढा जी के दस्ते मुबारक से नवें गराम की मोढी गड्डी नाम चक नानकी रखा गुरु की कड़ाही दी।[3]

19 जून 1665 को गुरु जी ने इस स्थान की नींव बाबा बुड्ढा जी के पोते बाबा गुरदित्ता जी से रखवाई व इसका नाम अपनी माता जी के नाम पर चक्क नानकी रखा। होशियारपुर जिले के गजटीयर के अनुसार (1883-84) इस शहर का नाम चक नानकी है। नींव पत्थर रखने के स्थान का चुनाव भली-भांति निरीक्षण करके भाई दरगाह दासजी ने सुझाया था। जब बालक गोबिन्द दास जी पटना से चक्क नानकी आए तो आपने शहर की सुंदर छटा देखकर आनंद साहिब की पहली पाँच पऊड़ीयाँ पढ़ी 'अनंद भया मेरी माय सतगुरु मैं पाया' गुरु तेग बहादुर जी इस बात से इतने अभिभूत हो गए कि इस शहर का नाम ही आनंदपुर साहिब रख दिया।

शहर के नक्शा नवीश गुरु जी स्वयं ही थे। शहर की योजना बनाते हुए यह विशेष ध्यान रखा गया शहर सुंदर और मुग्ध करने वाला हो, चित्रकार भी बुलाए ताकि घर, बाजार व इमारतें मन को मोहने व खींचने वाली हो। मुख्य रूप से भाई झंडा जी जो बाबा बुद्धा जी के वंशज थे उन्हें निगरानी व उसारी का कार्य सौंपा

गया। कई तरह के सुघड़ कारीगर व मजदूर इस काम में लगाए गये। संगतें भी कार सेवा श्रमदान करके अपना हिस्सा डाल रही थी।

शहर में सबसे पहले तीन मुख्य भवनों का निर्माण-कार्य आरम्भ किया गया। गुरु स्थान (पूजा व मन्दिर का स्थल), सराय तथा गुरु के आवासीय भवन जो गुरु के महल कहलाये।

संगतों ने विनती करी कि उनके निवास के लिये भी योजना बनाई जाये। मोहल्ले व घर बनने शुरू हो गए कुछ लोगों ने स्वयं घर बनवा लिये माझा मालवा से कई परिवार आ गए जो स्वयं नहीं बनवा सकते थे उन्हें आर्थिक सहायता प्रदान की व घर भी बनवाकर दिए।

इस समय कुछ व्यापारी भी गुरुजी के पास आये ताकि मंडियों के लिये स्थान सुरक्षित किया जाये। इस क्षेत्र में कोई भी बड़ी मंडी नहीं थी। व्यापार के लिये बाजार बनवाये गये। कुछ व्यापाररियों को आर्थिक सहायता के द्वारा व्यापार के लिये पूंजी दी गई।

किसानों को भी जमीन मुफ्त दी गई पर उन्हें अपनी पैदावार से कुछ हिस्सा लंगर के लिए देना होता था।

चार चौक अर्थात सब दिशाओं में कटती सड़कें, पक्की गलियाँ व पक्की सड़कें गुरुजी के नगर निर्माण ज्ञान को दर्शाती है एक अनुपम नगर खालसा का जन्म स्थान बन गया। यहाँ उस खालसे का जन्म हुआ जिसने गुलामी का इतिहास बदल दिया व प्रतिरोध के ऐसे कारनामे किए कि भारत का ही नहीं विश्व का इतिहास प्रभावित किया।

कालांतर में आनंदपुर, 'आनंदपुर साहिब' हो गया। यह खालसा की जन्म-स्थली बन गया। 1699 में बैसाखी पर खालसा का सृजन यहीं हुआ और इसका नाम तख़्त श्री केसगढ़ साहिब रखा गया।

आनंदपुर में संगतों की आमद बढ़ गई, गुरु घर की भेंट में भी काफी इजाफा हुआ, लंगर तो लगातार चल ही रहे थे। बढ़ी हुई भेंट बचाने के लिये नहीं थी उसे समाज सुधार के कार्य में खर्च किया जाने लगा, उससे कुएँ खुदवाये जाते, नगर के निर्माण व रख-रखाव के लिये या बेघरों को घर बनवा कर देने में खर्च होते थे गुरु जी के हुक्म अनुसार

कूप लगावो सदन बनावो
खरचहु पुर के हेत बसावहु

नगर व नगर वासियों के विकास की बात ही प्रमुख थी। सूरज प्रकाश के अनुसार गुरु जी ने आनंदपुर के निर्माण व अन्य कार्यों को बेहतर व सुचारू रूप से चलाने के लिये अपने प्रतिनिधियों भाई भागू जी, रामे जी, भाई साधु मुल्तानी, भाई बहलोके तथा देस राज जी को यह कार्य सौंप कर हिदायत दी जो भी भेंट आये उसे नगर निर्माण व जनहित के कार्यों के लिये खर्च करना है। यह ध्यान विशेष तौर पर रखना है कि नगर वासियों को ना तो कोई सताये और ना ही दुखी करें। अगर कोई ऐसा करता है तो उसको रोकना उचित होगा, आवश्यक हो तो सजा भी दी जाये।

पुर को खेद देंहि न कोई
जे को देहि रहै न को सोई।[4]

यह एक ऐसे राज्य की परिकल्पना थी जैसी भगत रविदास जी ने की थी। जहां पर कोई दुःख-दर्द, भय और निराशा न हो, जो 'बेगमपुरा' हो– "बेगमपुरा सहर का नाउ, दुखु-अंदोहु नहीं तिहि ठाउ।" जब शहर अपनी पूरी रौनक व रवानगी पर पहुँच गया तो गुरु जी ने पूर्व की तरफ यात्रा का मन बना लिया।

गुरु नानक साहिब ने पूर्वी भारत के दुरुस्थ स्थानों तक की यात्रा की और वहां पर नाम का प्रचार प्रसार किया। आपने संस्कारों के निर्माण तथा उच्च गुणों के धारणी मानव की संरचना का बीड़ा उठाया था। देश प्रेम उनके अंदर हिलोरे ले रहा था। इसलिये आवश्यक था कि ऐसी भावनाओं को जन-जन तक पहुँचाया जाये। इसलिये आप जहाँ भी गये आपने संगतें भी कायम की, अर्थात् समय पाकर नानक नाम लेवा या उस नई सुधार लहर के कई उपासक हो गए। जो व्यर्थ के वहमों, भ्रमों से दूर सादा व समानता का जीवन जीना चाहते थे। जहाँ छुआछूत, जाति प्रथा के बंधन, उच्च-नीच का भेदभाव इतना अधिक ना हो कि मानवता उसमें कहीं खो जाये। गुरु नानक साहिब के यह उपासक अपने-अपने क्षेत्र में मिल बैठकर सुबह शाम भजन कीर्तन करते थे। वह मेहनत व ईमानदारी की कमाई को भी बाँटकर खाते थे। गुरु नानक जी द्वारा लगाए गए यह पौधे सूखे नहीं थे, उन्हीं को और सींचने के लिये तथा हरा-भरा करने के लिये गुरु तेग बहादुर जी पूर्व की यात्रा पर अवश्य ही जाना चाहते थे। संगतों का मुखिया उनको गुरु उपदेशों के साथ जोड़े रखता था तथा इस तरह से वह गुरु घर से भी जुड़े रहे। कालांतर में यह मसंद कहलाये। दूरस्थ प्रदेश होने के कारण गुरु नानक जी के बाद उन संगतों तक सिक्ख गुरु जी नहीं पहुँच पाये। परंपरा के अनुसार मसंदों ने संगतों के साथ गुरु साहिबानों से संबंध बनाए रखें। गुरु तेग बहादुर जी अब उन संगतों तक पहुँचना चाहते थे। संगतों की तरफ से भी यह माँग व विनती लगातार आ रही थी उनकी श्रद्धा व विश्वास की लाज रखनी भी जरूरी थी। ''वह लोग दूर देश के कारण पंजाब नहीं आ सकते थे, दर्शन की अभिलाषा लिये बैठे हैं कोई सुंदर पलंग बनाकर मखमली तकिये सजा कर यह प्रतिज्ञा करके बैठा है कि जब तक उस पर विराजे हुए गुरु का दर्शन नहीं करेंगे तब तक हमने चारपाई पर भी नहीं सोना। कई सुंदर मंदिर

(घर) बनाकर बैठे जब तक गुरुचरण नहीं पड़ेंगे वह उसमें विराजेंगे नहीं, किसी ने सुंदर पोशाकें बनाई, किसी ने घोड़ा पाला, किसी ने सुंदर पालकी बनाई।"[5] दूरस्थ प्रदेशों की यात्रा के लिये यह आवश्यक था कि उसकी पूरी योजना बनाई जाये व कई तरह के कार्य भिन्न-भिन्न जत्थों को सौंप दिये जायें। अग्रिम दल के रूप में भाई संगतीआ, भाई सुखानन्द और नत्थू को यह जिम्मेदारी सौंपी गई कि गुरु जी व उनके परिवार के पहुँचने से पहले अगले पड़ाव तक तम्बू, कनातें व लंगर का अन्य आवश्यक सामान लेकर पहुँच जाये। इस यात्रा में गुरु जी घोड़े पर माता नानकी जी रथ पर माता गुजरी जी पालकी पर सवार थी। मुख्य दीवान भाई मती दास जी को यात्रा का मुखिया बनाया गया, भाई दयालजी को गुरु के महल अर्थात् माता जी, पत्नी व अन्य स्त्रियों की देख-रेख का कार्य सौंपा गया।

फारसी के प्रसिद्ध विद्वान भाई सती दास जी को गुरु द्वारा उच्चारित वाणी को फारसी में अनुवाद करने का कार्य सौंपा गया। जिससे सभी श्रद्धालुओं (मुसलमानों) को समझने में मुश्किल ना हो। भाई सती दास इस तरह से वाणी को सहेज लेते थे। केसर सिंह छिब्बर वंशावलीनामा में लिखते हैं-

बाणी जो साहिब करन उच्चार
सो सती दास नित करे फारसी अखरां में उच्चार

प्रचार-प्रसार दौरे में फंड या धन की भूमिका भी अहम रहती है। तरलोचन सिंह के अनुसार इस यात्रा का समस्त खर्चा प्रयाग, बनारस, पटना व ढाका की संगत ने उठाया। ढाका सबसे समृद्ध केंद्र था अतः उसका योगदान भी सबसे अधिक रहा होगा।[6]

कीरतपुर से चलकर पहला पड़ाव भरतगढ़ गाँव में किया गया। यहाँ पर बारिश के पानी ने लोगों के घरों व फसलों को तबाह कर दिया था व पीने के साफ पानी की भारी कमी थी। गुरुजी ने मामा कृपाल चन्द अपने खजांची को यह हुक्म दिया कि उस गाँव की धन से सहायता की जाये लंगर लगाए जाये व उनके लिये दवा-दारू का प्रबंध किया जाये।

यहाँ से रोपड़ व कुराली होते हुए गुरुजी का कारवां बहादुरगढ़ या सैफाबाद पहुँच गया जहाँ नवाब सैफद्दीन की रिहाइश थी। प्यारा सिंह पदम के अनुसार सैफद्दीन, शाहजहाँ के वजीर आसिफ खान का बेटा था व बेगम नूरजहाँ का भतीजा था।[7] समकालीन इतिहासकारों के अनुसार वह शाही खानदान का खास रिश्तेदार था। सेवा सिंह के अनुसार "वह 1648 में बिहार व 1653 में गुजरात का हाकिम नीयत हुआ। 1659 में उसे दक्षिण का गवर्नर बनाया गया। 1664 में वह ढाका का सूबेदार बन गया...। 1666 से 1671 तक इसको कश्मीर का गवर्नर बनाया गया और उसे यह हुकुम दिया गया कि वह हिंदुओं को सरकारी नौकरियों से निकाल दे पर उसने किसी भी हिंदू को बर्खास्त नहीं किया वह औरंगजेब की जबरन तब्लीग वाली नीति से सहमत नहीं था, इसलिये सब कुछ छोड़कर वह घर आ गया। औरंगजेब ने निर्दयी इफ्तार खान को कश्मीर का गवर्नर बना दिया ताकि वह सख्ती से हिंदुओं को मुसलमान बना सके।"[8] नवाब सैफद्दीन उदार व सूफियाना विचारों का धारणी था उसे 'फकीरउल्लाह' भी कहते हैं। मूसा रोपड़ी नाम के सूफी पीर ने गुरुजी के बारे में सैफुद्दीन को बताया था। वह गुरु जी के व्यक्तित्व से इतना अधिक प्रभावित था कि जब उसे गुरुजी के उधर आने की सूचना मिली तो वह स्वयं उनकी अगवानी के लिये गया। शाही बाग में गुरुजी के कारवां का उतारा करवाया। उसने स्वयं गुरुजी के घोड़े की लगाम पकड़ी उनको

अपने महलों में ले गया। माता नानकी जी पालकी में ही अंदर पधारी। उसकी बेगम ने माताजी को माथा टेका व कई बहुमूल्य तोहफे भेंट किये, लंगर के लिये बर्तन, तंबू, छोलदारियाँ व ऊँट इत्यादि भी भेंट किये। गुरु जी की सवारी के लिये बढ़िया घोड़ा श्रीधर भी सम्मान से भेंट किया।[9] सैफुद्दीन के साथ गुरुजी का प्यार बना रहा और गुरुजी भी उसको कीमती वस्तुएं भेंट के रूप में भेजते रहे। एक हुक्मनामें में आप मुंगेर की संगत को यह आदेश देते हैं कि "पाँच खासे बासण (बर्तन) मीनापुर किआके, सुराही प्याले, हच्छे अछे कहारां नूं दे के दिल्ली भाई कल्याण दी धर्मशाला पुचावणे। नवाब सैफ खान नूं देणे हन, हच्छे बासण भेजणे" यह शिष्टाचार व सभ्याचार में परिपक्व गुरु जी के व्यक्तित्व का सुन्दर उदाहरण है। गुरु जी गाँव-गाँव एक नई अलख जगा रहे थे, एक नया वृतान्त लिख रहे थे, कुआँ प्यासों के पास जा रहा था, और सदियों पुरानी भारतीय परम्पराओं, सोच व दर्शन को स्थापित कर रहे थे। धर्म व अध्यात्म क्या कर सकता है यह भी तो भूले भटके लोगों को बताना आवश्यक था। गंडू गाँव में आपने भाई मुगलु के घर में टिकाना किया। इस की माँग ही श्वास निकलने से पहले गुरु दर्शनों की थी। गुरु जी ने उसे पूरा किया व गाँव को नाम-बाणी के साथ जोड़ा।

अली शेर गाँव बेटियों के व्यापार के लिये काफी बदनाम था। लोगों को बेटियों के व्यापारी के रूप में देखा जाता था, जो धन लेकर बेटी बेच देते थे। गुरुजी ने गाँव वालों को बेटियों को बेचने के स्थान पर ब्याहने की बात की और स्वयं उसमें योगदान दिया। समाज की इस बुराई के विरुद्ध आवाज उठाना एक क्रांतिकारी कदम था। समरावां में भीखी स्थान का चौधरी देसू अपना हिन्दू धर्म छोड़कर सखी सरवर सुल्तानियों के पीछे चलने लगा था जब वह गुरु जी को मिलने आया तो आपने कहा ''देसराज तुम तो हिन्दू चौधरी हो, धर्म

का रक्षक होकर फिर हिन्दू धर्म के लिए ही घातक बन गया है। यह क्या बुद्धि ली है? बाड़ तो खेत की रक्षा के लिये होती है, खाने के लिये नहीं, तुम तुरक की जूठन खाते हो और मानसिक अधीनगी भी कर ली है, इस जाल से बाहर आओ।[10] गुरु जी की ललकार व सलाह पर पूरा गाँव अपने धर्म में लौट आया। नये मापदण्ड स्थापित हो रहे थे। नई बहादुरी व ललकार की इबारत गुरु जी समस्त समाज के सामने लिख रहे थे।

कैथल एक ऐतिहासिक नगर है जो प्राचीन काल से 'कपिस्थल' के रूप में प्रसिद्ध था। भगतू वंश के भाई देसू सिंह ने 1667 में इसे अपनी राजधानी बनाया जब कैथल इसका प्रचलित नाम था। भाई उदय सिंह की सरप्रस्ती के अंतर्गत भाई संतोख सिंह ने गुरु प्रताप सूरज ग्रंथ व अन्य ऐतिहासिक रचनाओं की रचना कैथल में ही की। इस महत्वपूर्ण स्थल पर जब गुरु जी पहुँचे तो यह जानना चाहा कि क्या वहाँ पर सिखों का कोई घर है-

कैथल पुर को हमने जाना
को सिख है कि नहीं तिस थाना।[11]

तब एक बढ़ई सिख ने कहा यहाँ पर सिखों के तीन घर है दो बनिये और एक बढ़ई गुरु जी की इच्छानुसार वह बढ़ई के घर चले गए वह बहुत खुश हुआ व सेवा भी अच्छी तरह से करी-

जथा सकत सिख सेवा करी
गुर प्रस्न हुये अपनी हरी।[12]

पेहोवा से होते हुए बारना में यह संदेश दिया कि तम्बाकू का सेवन नहीं करना यह बहुत ही गंदा नशा है जो तन व मन को भ्रष्ट कर देता है व घर में कंगाली आ जाती है। भाई संतोख सिंह के अनुसार-

गंदा घूम बंस ते तिआगहु
अति गिलान इस ते धर भागो
सिख संतन सेवा में लागहु
अचहु वंड कर क्रित अनुरागो

लहल गाँव जहाँ आज दु:ख निवारण साहिब सुशोभित है गुरु जी के आगमन से पवित्र हो गया। यहाँ एक माता करमो दई चेचक रोग से पीड़ित थी। गुरु जी ने उनको भी रोगमुक्त किया। और गाँव को उपदेश दिया। जब गुरुजी किसी भी स्थान पर टिकते या पहुँचते थे तो आस-पास की संगत भी दर्शन करने के लिये पहुँच जाती थी। टहलपुर, आकड़, लमां, सीभड़, रोहटा, जंड मघोली इत्यादि स्थानों पर गुरु कृपा हुई।

मलोवाल में गाँव के सरपंच ने गाँव निवासियों के साथ प्यार से सेवा की, गाँव के कुओं का पानी पीने लायक नहीं था, पानी दूर से लाना पड़ता था। जब गुरु जी को यह खबर हुई तो उनकी दया दृष्टि से पानी मीठा हो गया। यह करिश्मा वास्तव में कई स्थानों पर हुआ। यहीं पर गोदा को भाई कह कर सम्मानित किया जो उनका अन्नय सिक्ख बन गया।

गाँव सोखा में गुरु जी ने चौधरी मलूका को अहंकार न करने का पाठ पढ़ाया व गाँववालों में सेवा भाव को भी जाग्रत किया। फरवाही गाँव जो ताप रोग से ग्रसित था उनको चमारों की छपड़ी में स्नान करने को कहा, गाँव रोग से मुक्त हो गया। ऊँची-नीची जाति का अभिमान व समाज में पड़ी खाईयों को इस तरह से दूर करने का प्रयास व क्रांति गुरु जी कर रहे थे।

कुछ और स्थानों पर होते हुए जब गुरु जी घमतान पहुँचे तो आपको औरंगजेब के आदेशानुसार दिल्ली बुलाया गया। सरदार ने घोड़े से उतर के कहा पीर जी! तुम्हें दिल्ली में बादशाह ने बुलाया है, तैयारी करिये।[13] आरोप यह था कि गुरु जी हिन्दुओं व मुसलमानों में एक नये धर्म का प्रचार कर रहे हैं। साखी नौवें महल की लिखती है-

सुन महिमा आलमगीर रिसाये
श्री सतगुरु जी कह पठवाये
तुम हिन्द को गुरु कहावो
कछ हम को करामात दिखलावो

सेवा सिंह के अनुसार आलम खान रुहेला एक सैनिक टुकड़ी के साथ आदेश लेकर आया था, गुरु जी को गिरफ्तार नहीं किया गया। वह अपने घोड़े पर ही सवार थे व मार्ग में प्रचार करते रहे। हरियाणा के खटकल गाँव में पानी खारा था गुरु जी ने अपनी मेहर की दृष्टि से वहाँ का पानी मीठा कर दिया और नये कुएँ को खोदने में सहायता भी की।[14]

भट्ट बहियों के अनुसार बादशाह ने गुरु जी को कत्ल करने का हुक्म दिया। कंवर राम सिंह कछवाहा ने ऐसा करने से औरंगजेब को रोक दिया। गुरुजी के महत्वपूर्ण सिख रसीना नगरी में रानी पुष्पा देवी को मिलने गये कि कुछ बीच बचाव किया जाये। राजा राम सिंह ने बादशाह को वस्तुस्थिती से परिचित करवाया कि गुरु जी निर्दोष है किसी को भड़काना उनका कोई मकसद नहीं है। महिमा प्रकाश के अनुसार औरंगजेब के साथ गुरु जी की मुलाकात मुगल दरबार में हुई। आपको चंदन की ऊँची चौकी पर आदर सहित बैठाया गया व कोई करामात दिखाने को कहा गया, आपने एक ही बात कही–

न लायक फकर को करामात करना
है निस दिन सदा खौफ मोला के रहना
करै जो करामात मुशरक कहावै
जो मुशरक कहिआ लाशरीके न भावै।[15]

गुरुजी ने औरंगजेब को समझाया कि आपको बादशाही रब ने दी है, इसलिये अपनी समस्त प्रजा को एक नजर से देखो क्योंकि ईश्वर को जुल्म व जबरदस्ती अच्छी नहीं लगती है।

जुलम जलामी रब न भावै।

जब औरंगजेब ने गुरु गद्दी के झगड़े के बारे में बात की तो गुरु जी ने कहा हमारा न तो कोई दावा है और न ही कोई झगड़ा है।

हम दावा काहू सों नाही
नहीं लेन देन काहु सो आही

गुरुजी अजातशत्रु थे। उनकी सेवायें बिना किसी भेदभाव के सब के लिये थी सतबीर सिंह के अनुसार औरंगजेब को भी यह कहना पड़ा।

रहे रजाये में अलह फकीर
सो मोला के है जग धीर।[16]

इतिहासकारों के अनुसार दिल्ली में गुरु जी लगभग एक महीना छः दिन नजरबंद रहे। और 17 दिसम्बर 1765 को पूर्वी प्रान्तों की तरफ गुरु जी की यात्रा आरम्भ हो गई। भटट् बही जादो बंसीयाँ के अनुसार गुरुजी 13 दिसम्बर 1765 को पूर्व की यात्रा पर चल पड़े।

## संदर्भ सूची

1. प्रि. सतबीर सिंह, इति जिन करी, पृ. 55
2. भाई संतोख सिंह गुर प्रताप सू. रास 11 अंशू 28
3. कोड़ा सिंह गुरु तेग बहादुर पृ. 110
4. सूरज प्रकाश रास 39
5. सतबीर सिंह इति जिन करि, पृ. 63
6. डॉ. तरलोचन सिंह, Guru Teg Bahadur prophet and martyr, p. 193.
7. गुरु तेग बहादुर जीवन सफर व शहादत, संपादक तारन सिंह, पृ. 205
8. प्रि. सेवा सिंह कौड़ा गुरु तेग बहादुर, पृ. 117
9. प्रि. सतबीर सिंह इति जिन करी, पृ. 43
10. प्रि. सतबीर सिंह इति जिन करी, पृ. 71

11. गु. प्र. सूरज 32
12. वही।
13. गुरु कीआं साखीआं, साखी नम्बर 225 पृ. 73
14. प्रि. सेवा सिंह गुरु तेग बहादुर पृ. 130
15. महिमा प्रकाश साखी 5, महला 9
16. प्रि. सतबीर सिंह इति जिन करी, पृ 78

## अध्याय–4

# यात्रा पूर्व की तरफ

गुरु नानक देव जी के समय जो संगतें भारत के पूर्व की तरफ स्थापित की गई उनकी निशानियाँ आज भी मौजूद है। चाहे अन्य गुरु इन क्षेत्रों में फेरी नहीं लगा पाये पर गुरुओं के प्रतिनिधियों मसंदों के माध्यम से जुड़ाव बना रहा। मसदों, संगतों, सेवकों, भगतों की श्रृद्धा और प्यार को देखते हुए गुरु तेग बहादुर जी ने पूर्व की यात्रा का निश्चय किया। ससराम के चाचा फग्गुशाह, ढाका के भाई बुलाकी दास, बनारस के भाई जवेहरी जी और पटन के भाई दयाल दास जी दीवाली के सालाना समागम में शामिल होने, दसवंध की भेटा देने तथा गुरु दर्शनों को बकाला पहुँचे। उन्होंने विनती की कि गुरु नानक जी अपनी यात्राओं के समय पूर्व में सिख संगतें कायम कर गये थे अब आप के दर्शनों की चाहत है। भाई संतोख सिंह लिखते है।

कब राकापति बदन दिखावैं<br>
ब्रिन्द चकोर सिख हरखावै।<br>
गु. प्र. सू. ग्रंथ रास 11

ढाका, बनारस, पटना, मुंगेर व जौनपुर इत्यादि की संगत ने समस्त यात्रा का खर्च उठाने का भी निश्चय किया। गुरु जी व कुछ अन्य सिख घोड़ों, पर सवार थे। माता नानकी व गुजरी जी रथ पर सवार थे।

दिल्ली से चलकर पहला पड़ाव मथुरा में कंस टीला के पास किया। श्री कृष्ण महाराज की जन्म स्थली मथुरा व वृन्दावन महत्वपूर्ण पड़ाव थे। इस समय आपने गोकुल की भी यात्रा की।

आगरा में एक वृद्ध माई भागो गुरु जी के आने की आस लगाकर बैठी थी उसने अपने हाथ से कात बुनकर एक वस्त्र तैयार किया था उसे गुरु जी को भेंट करना चाहती थी। ईश्वरीय आत्मायें तो प्यार से ही पाई जा सकती है गुरु जी ने माई भागो की तड़फ का अहसास किया और स्वयं उसके पास पहुँचकर भेंट स्वीकार की उस स्थान का नाम ही माई-थान अर्थात माई का स्थान हो गया।

आगरा से एटावा होते हुए कानपुर पहुँचे रिवायत व लोक श्रुति के अनुसार एटावा में आप एक उदासीन आश्रम पूरबी टोला में ठहरे जिसकी सेवा उदासीन संप्रदाय के पास है। कानपुर से यह काफिला प्रयागराज पहुँच गया। अहीयापुर मोहल्ले में पड़ाव किया गया, अब यहाँ गुरुद्वारा पक्की संगत एक बहुमूल्य यादगार के रूप में खड़ा है। प्रयाग में गुरु जी लगभग 4 महीने तक रहे। लोगों को भ्रम व कुरीतियों के विरुद्ध उपदेश देते हुए गुरुजी ने दान पुण्य भी बहुत किया। गुरु गोबिन्द सिंह जी बचित्र नाटक अपनी आत्म कथा में लिखते है:-

जब ही जात त्रिवेणी भये
पुन दान दिन करत बितेय।

गुरु जी ने यात्रियों, संतों व फकीरों के लिये लंगर खोल दिये व जरूरतमंदों को वस्त्र इत्यादि भी दान किये गये। बचित्र नाटक यह रिकार्ड करता है:-

तात मात मुर अलख अराधा
बहु बिध जोग साधना साधा
तिन जो करी अलख की सेवा
ता ते भये प्रसन्न गुरदेवा

गुरु गोबिन्द सिंह दुनिया में अपने आने का प्रयोजन लिखते हुए बताते है कि उनके माता-पिता कितनी कठोर साधना कर रहे थे। निस्संदेह समय की माँग को देखते हुए एक बलवान, बली योद्धा पुत्र की कामना थी जो भारत वर्ष का उद्धार व दुष्टों का संहार कर सके दूसरी तरफ ईश्वर भी और अत्याचार सहन नहीं कर सकता था। गुरु गोबिन्द सिंह जी लिखते है-

तिन प्रभ जब आयस मोहे दिया
तब हम जन्म कलू में लिया
तिही प्रकाश हमारा भयो
पटना शहर विखे भव लयो।

माता नानकी भी पोते को गोद खिलाने की प्रबल आस्था रखती थी।

सुत के सुत को लेकर गोद
करो दुलारन पाये प्रमोद।[1]

भाई काहन सिंह नाभा के अनुसार दशमेश माता के गर्भ में यही पर विराजे थे। पटना के स्थान पर आपका जन्म हुआ।

प्रयागराज से गुरु जी का कारवा मिर्जापुर पहुँचा जहाँ गुरुद्वारा गुरु की संगत है। मिर्जापुर की संगत के प्रति गुरु जी का विशेष स्नेह व मान पता चलता है। भाई बाल चन्द, भाई हरिकृष्ण, भाई चतुरभोज व भाई लालू यहाँ के सिक्ख इतिहास प्रसिद्ध हैं। मिर्जापुर की संगत के नाम गुरु जी का हुक्मनामा उपलब्ध है जो बताता है कि संगत की दसवंध या कार गुरु जी तक पहुँची और उनके आर्शीवाद भी प्राप्त हुए।

सफेद घोड़े श्रीधर पर सवार होकर ठेठ राजपूती राजसी वेषभूषा में गुरु जी काशी बनारस पहुँच गये। कीमती खीन स्वाब का यह

चोला (अंग वस्त्र) भूरे रंग का है व गुरद्वारा बड़ी संगत में सहेज कर रखा गया है।[2] इस क्षेत्र के प्रसिद्ध सिख भाई जवेहरी मल, भाई राम राय, भाई कृपाल दास, भाई सिबू, सेठ दलपत और भाई भिखारी दास आप की सेवा में हाजिर रहे। बनारस रेशम के काम के लिये प्रसिद्ध है आपको रेशम के कटरे में ले जाया गया। संगतों का प्यार, श्रृद्धा व उल्लास को देखकर महिमा प्रकाश के अनुसार गुरु जी ने कहाः-

होय प्रसन्न सतगुरु कहिओ
यह कोठा सिखी को आहि

गुरुजी के दर्शन के लिये जोगी, संन्यासी, सिक्ख भक्त, कबीर व रविदास जी के अनुयायी उमड़ पड़े। यहीं पर आपने गंगा जल को प्रकट किया जिसकी निर्मल धारा आज भी केवल 1½ - 2 फुट की गहराई पर बड़े गुरद्वारे के अन्दर ही बह रही है।[3]

ज्ञान गोष्ठ विचार विमर्श चलता रहता था गुरु जी विशेष तौर पर यह कहते थे कि धर्म में कथनी व करनी में कोई अंतर नहीं होना चाहिये। जो धार्मिक पोथियों व ग्रंथों में लिखा है उस पर चलना व उसे जीवन में उतारना ही प्रधान व प्रमुख है। बनारस में गुरु जी का प्यारा घोड़ा श्रीधर बीमार हो गया आप ने वहाँ के मसंद भाई जवेहरी मल जी को उसकी देखभाल की जिम्मेदारी सौंपी और एक हुक्मनामा जारी किया।

गुरसत-भाई जवेहरी सरबत संगत गुरु रखेगा श्रीधर की संगत सेवा करनी, अलूफां, श्रीधर नूं देणा, श्री धर जित वेला चंगा होयेगा, तां पटणे पहुँचाये देणा संगत का भला होगा।[4]

जौनपुर की संगत भाई गुरबख्श जी के नेतृत्व में गुरु जी के दर्शनों को आई। भाई गुरुबख्श जी पर कीर्तन की मेहर थी आप संगत को

निहाल करते रहते थे। एक दिन गुरु जी उस कीर्तन से इतने प्रसन्न हुए कि उन्होंने एक मृदंग भाई गुरबख्श जी को दी जिससे जौनपुर की संगत का नाम ही मृदंग वाली संगत पड़ गया।

ससराम में एक अन्नय प्यारे गुरसिख व समस्त संगत को मिलने गुरु जी पहुँचे। वहाँ के मसंद का नाम फग्गू शाह था जिन्हें प्यार से लोग चाचा फगू भी कहते थे। उसने अपने घर के द्वार बहुत ऊँचे बनवाये थे ताकि गुरुजी घोड़े पर सवार हो वहाँ प्रवेश करें। लोग इस बात के लिये उसकी हँसी भी उड़ाते होगे पर भक्त का प्यार गुरु जी को वहाँ ले गया। फग्गू शाह ने दसवंध व कार भेटा गुरु जी को जब अर्पण करी तो गुरु जी ने पूछा ''कुछ रह तो नहीं गया या कुछ याद न रहा हो।' तो महिमा प्रकाश के अनुसार फग्गू ने कहाः-

'जो कार गुर की जुरे फग्गू गृह रखे
बनाये, हुंडि कराये, हजूर सौ देता सदा पठाये

जब फग्गू उदास होकर बैठ गया तो गुरुजी ने कहा 'तुम्हारे आंगन में जो बेरी का पेड़ है उसका हिसाब नहीं दिया' तब फग्गू को याद आया कि जब वह एक सिक्ख के घर कार भेटा इक्कठा करने गया तो उसकी पत्नी ने कहा कि वह घर पर नहीं है, और कुछ देने को भी नहीं है तो फग्गू ने कहा जो घर पर है वहीं दे दो तब उस स्त्री ने कहा ''मेरे घर में तो केवल कूड़ा है ले जाओ'' फग्गू धन्यवाद करता हुआ कूड़ा ही उठा लाया। घर लाकर जब कूड़े को छाना तो उसमें से बेर की एक गिटक निकली, उसे आंगन में दबा दिया गया समय पाकर वह एक बड़ा फलदार वृक्ष बन गया। धर्म के मार्ग पर जो निस्वार्थ भाव से चलते है उनमें नम्रता का गुण भी उतना ही आवश्यक है। गुरुजी के अनुसार असली सिक्ख का स्वरूप यही है, किसी के अवगुण न निकालकर कर्तव्य पथ पर बिना किसी दंभ व अहंकार के आगे बढ़ते रहना इससे यह भी पता चलता है कि गुरु

भेटा कार भेंटा या दसवंध का क्या अर्थ है। समाज कल्याण हेतू बड़े धार्मिक स्थानों पर लंगर अस्पताल, वृद्ध आश्रम या शिक्षण संस्थाओं को चलाने के लिये आर्थिक संस्थानों की आवश्यकता होती है, जो सबकी पवित्र कमाई की भेंटा से ही सम्पन्न होता है।

गया से होते हुए गुरु जी पटना पहुँचे। बिहार का प्राचीन शहर जहाँ बुद्ध धर्म भी विकसित हुआ था एक बहुत ही ऐतिहासिक स्थान है। गुरु जी ने यहाँ पर एक श्रृद्धालु जैत राम की हवेली में डेरा डाला, पर यह स्थान छोटा था और गुरु जी का आगमन सुनकर बड़ी संख्या में सिक्ख उन के दर्शनों के लिये कई तरह की भेंटे व उपहार लेकर पहुँचने लगे। गुरु नानक जी ने जो संगत यहाँ स्थापित की थी वह काफी बड़ी हो गई थी। भाई जयगोपाल अग्रवाल ने गंगा किनारे अपनी बड़ी हवेली गुरु जी को अर्पण कर दी। यहाँ आज एक विशाल गुरुद्वारा है।[5]

गुरुजी के आगमन व प्रवचनों का इतना अधिक प्रभाव पड़ा कि हाकिम नवाब रहीम बख्श व अन्य नवाब भी गुरु जी के सामने नत मस्तक हो गये। ससराम के नवाब ने 52 बीघे खाम जरीब पट्टा गुरु जी के नाम किया जिसकी आमदनी से संगत व धर्मशाला की देखभाल होती रहे। एक फरमान के द्वारा पटना की महसूल चुंगी इक्कठी करने की आज्ञा सिक्खों को दी गई। जिस बैल गाड़ी में अन्न, घी व मसाला लदा होता था उस पर महसूल की दर दो दमड़ी की दर से, अन्य सामानों जैसे कि कपड़ा इत्यादि पर एक दमड़ी की दर से वसूली के आदेश प्राप्त हुए। गाँव चूरीया का समस्त इलाका गुरु तेग बहादुर जी के नाम किया गया जिससे धर्मशाला में ठहरे फकीर व साधुओं के लिये राशन पानी की कमी न हो और धर्म व दान के कार्य भी चलते रहें। गुरु जी के नाम कुछ लोगों ने अपने बाग भी कर दिये।[6]

कुछ इतिहासकारों ने केवल फारसी के एक स्रोत का हवाला देते हुए गुरु जी को डाकू व लुटेरा कहा है। सियारूल-मुतखरीन का लेखक सैयद गुलाम हुसैन गुरु जी की शहीदी के लगभग 100 साल पश्चात गुरु जी पर लूट खसोट का आरोप लगाता है जो बिल्कुल आधारहीन था। उसी का समकालीन जार्ज फोरस्टर गुलाम हुसैन को कोलकाता में मिलता है लेकिन आपने पंजाब भ्रमण के समय उसे कोई भी ऐसा दस्तावेज नहीं मिलता है जिस में किसी संगीन अपराध का वर्णन हो जिसके लिये गुरु जी को इतनी बड़ी सजा दी गई।[7] लोग तो अपने प्यार व श्रृद्धा से गुरु जी को भेंट देते थे क्योंकि उसका खर्च समाज की भलाई में होता था। लेकिन एन.सी.आर.टी. की किताबों में लगभग बीस वर्ष तक यह पढ़ाया जाता रहा किसी भी संस्था ने न तो इस का विरोध किया और न ही इसे ठीक करने के लिये कोई मुहिम चलाई। गोबिन्द सदन के संस्थापक बाबा विरसा सिंह व शिक्षा मंत्री मुरली मनोहर जोशी तथा जे.एस. राजपूत डायरेक्टर एन.सी.आर.टी. जी के अथक प्रयत्नों से यह मामला सर्वोच्च न्यायालय में पहुँचा। सर्वोच्च न्यायालय ने सभी धर्मों व उनके महापुरुषों, गुरुओं को समान आदर देते हुए सम्मान सहित यह आदेश जारी किया। The object for value Based education is to have a national fight against all kinds of fanaticism, ill will, violence, dishonesty, corruption, exploitation and drug abuses… what is required today is not religious education but education about all religions, their biases. The value inherent there in and also a comparative study of the philosophy of all religions. Students have to be given the awareness that the essence of every religion is common, only the practice differ… Even if there are differences of in certain areas, people have to learn to co-exist and carry no hatred against any religion. One should never forget that all the values are derived from the ultimate reality-supreme power or self-consciousness to which man orients himself. To believe that we have the divine spark in each one of us is the most important eternal value inculcated by the small children even before starting their school life.[8]

अक्टूबर 2002 में गोबिन्द सदन में एक प्रेस कांफ्रेस की गई जिस में बाबा विरसा सिंह जी ने कहा "ईश्वरीय संदेश वाहकों के बारे में इस तरह के जहरीले और झूठे आरोप हमारे देश के लिये अच्छे नहीं है। इस तरह अवतारों पर आक्रमण करने से कुछ भी अच्छा नहीं होगा, उनकी आलोचना न करों, हम इसे बर्दाश्त नहीं करेंगे।" इस तरह गुरु तेग बहादुर जी के बारे में लम्बे समय से विकृत इतिहास को संशोधित किया।

गुरु जी लूटमार कर लंगर पानी या विकास के कार्य नहीं चला रहे थे। उनकी मान्यता व प्रभाव इतना पुरजोर था कि संगतें व उनके अनुयायी गुरु घर व समाज कल्याण के कार्यों में हिस्सा डालने के लिये तत्पर रहते थे। यह गुरु सेवा थी जिसे दसवंध भी कहा जाता है।

गुरु जी के जो हुक्मनामें पटना से भेजे गये वह इस बात के साक्षी है कि गुरु जी तपी व त्यागी होने के बावजूद अपनी जिम्मेदारियों से अनभिज्ञ नहीं थे। परिवार के प्रति क्या जिम्मेदारी होती है इसको भी खूब समझते थे। गोबिन्द दास (गुरु गोबिन्द सिंह) जी के जन्म के समय जो दाई थी उसको बेबे पेड़ी बाई कहकर सम्बोधित किया गया है। बेबे शब्द पंजाब में आदर सूचक शब्द है। बेबे पेड़ी बाई का परिवार भी गुरु घर के प्रति समर्पित होगा इस बात का पता इस बात से चलता है कि पेड़ी बाई की बेटी दाई लाडो का वर्णन भी एक हुक्मनामें में मिलता है। दाई लाडो व भाई रामराय के नाम यह संदेश आन्नदपुर साहिब से लिखा गया। जिसके अनुसार दाई लाडो का प्रतिनिधि दरबारी सोभा चन्द आन्नदपुर साहिब पहुँचा था।[9]

परिवार के प्रति एक सुघड़ पिता, पति व बेटे के नाते आपने मुंगेर से पटना की संगत को लिखा

कोई अव्वल हवेली होवे, बड़ी होवे
तिस में कबीले हमारे रखणा

संगत के गुरु रुजगार में बरकत करेगा
सेवा का वेला है।

ढाका के स्थान पर जब गोबिन्द दास जी के जन्म की खबर पहुँची तो गुरु तेगबहादुर जी ने पटना की संगत को लिखा।

सरबत संगत पटने की जिन सिक्ख वाहेगुरु किया है तिस के मनोरथ पूरे होवेंगे

गोबिन्द दास की वधाई ऊपर
संगत खरच किया
गुरु की दरगह थायें पया।
रुपये की मोहर थाये पई
आगे जो सेवा करेगा तिस का भला होगा
संगत के रुजगार में बरकत होग
भाई जी सिरपाऊ भेजिआ है
पटणा गुरु का घर है
संगत का भला होगा।

बालक गोबिन्द का पालण-पोषण बड़े प्यार व दुलार से पटना में हो रहा था। अपनी आत्म कथा में आप स्वयं लिखते हैं।

भाँति-भाँति दाईयन दुलराये
कीनी अनिक भाँति तन रच्छा
दीनी भाँति-भाँति की सिच्छा।

गुरु जी इसका श्रेय भी संगत को देते हैं उनका धन्यवाद करते हैं और आर्शीवाद भी देते हैं कि जो सेवा उन्होंने बाल गोबिन्द के प्रति की है वह गुरु की दरगाह में कबूल होगी। कुशाग्र, निपुण और सब कला सम्पूर्ण गोबिन्द दास के बचपन के खेल कोई साधारण बालक

वाले नहीं थे। वह तो समाज में आत्म सम्मान बचपन से ही जगा रहे थे। उनके खेल एक नया वृतान्त लिख रहे थे। इतिहास को बदलने की खूब तैयारी दिख रही थी। 'स्व' के लिये गौरव व गरिमा से परिपूर्ण आपके खेल, प्रतिरोध की भूमिका लिख रहे थे। आप बच्चों की दो टोलियाँ बनाकर युद्ध जैसे दृश्य पैदा करते थे। अपने साथियों व बड़े, बुजुर्गों को नवाबों, काजियों व सरकारी ओहदेदारों को सलाम करने से रोकते थे, उनके सामने डटकर खड़े होने का उपदेश भी आप देते थे। वास्तव में जुल्म जबर व अन्याय का प्रतिरोध आपकी रग-रग में था। कालांतर में वह प्रतिरोध व प्रतिशोध खालसा साजना के रूप में प्रकट होता है। 1699 ई. में गुरु गोबिन्द सिंह ने बैसाखी के दिन एक ऐसा इंसान पैदा किया जो धर्म, रीति रिवाजों, संस्कृति व जीवन के उच्च मूल्यों का धारणी होकर उनका रक्षा करने वाला था जो देश व राष्ट्र के प्रति कुर्बान होने का जज्बा रखता था, जिसने मुगलों व अफगानों की जड़ों को हिला दिया था।

बालक गोबिन्द जी की यह सोच व व्यवहार माताओं व अन्य सेवकों के दिल में चिंता लगाती थी। पर जब गुरु तेग बहादुर जी को यह खबरें पहुँचती थी तो आपने बाल गोबिन्द को ऐसे खेलों से वर्जने व रोकने के स्थान पर कहाः-

"जो गोबिन्द किया भला किया
अव्वल तो सरकारी अहलकार को सलाम नहीं करना
गर आये ही बैठे तां पवांदी (पांव की तरफ) देणी सिरांदी नहीं।"[10]

गुरु तेग बहादुर जी संगठन का काम बड़ी तत्परता के साथ कर रहे थे। गुरु नानक जी द्वारा स्थापित संगतों व सिक्खी सेवकी के मन में नौंवे नानक को देखकर अपार हर्ष था। हुक्मनामों से यह पता चलता है कि भाई दयाल दास को पटना का सूबा बना दिया गया।

पूरबी प्रांतों में बंगाल, बिहार और उत्तर प्रदेश में काशी, मिर्जापुर, जैतपुर व प्रयागराज की संगत को एक नेता देकर गुरु जी ने सिक्खी को संगठित किया। यह आवश्यक था, पंजाब में गुरु फेरीयाँ करते रहते थे पर इन दूरस्थ प्रदेशों में सभी गुरु नहीं पहुँच पाये थे। इसलिये इन प्रदेशों को संभालना व संगठित करना आवश्यक था।

मुंगेर से आपने भाई दयाल दास जी को लिखा "सरबत सिखां दे मनोरथ गुरु पूरेगा। भाई जी असां मंगेर छावणी कीती है। भाई जी तुहाड़े पुरे के मसंद हैं। सरबत संगत पारे की लै के दर्शन आवना।' पटने की संगत को यह आदेश दिया 'भाई दयाल दास कहे गुरु का हुक्म कर मानना।'

'दयाल दास कहे सो संगत मंनदे रहणा सिखां का भला होगा' यह हुक्मनामा बनारस की संगत की तरफ है।

ढाका की संगत गुरु जी को आदर सहित लेने के लिये पटना आ पहुँची थी, उनको पहल देते हुए गुरु जी ने उनके साथ चलने की तैयारी कर ली प्रो. प्यारा सिंह पदम के अनुसार बाढ़ कस्बे में तीर्था चौक के पास बालीपुर महल्ले में जो गुरुद्वारा बना है उसमें हस्त लिखत गुरु ग्रंथ साहिब की एक बीड़ व पुरातन जन्म साखी रखी है। जिसमें लिखा है पैड़े मोखे ने 2 महीने व 17 दिन में इसे तैयार किया था।

यहाँ से गुरु जी मुंगेर पहुँच गये। महान कोष के अनुसार जिस स्थान पर गुरु जी ने पड़ाव किया उसे पिपल पाती पक्की संगत मंगेर कहा जाता है[12] भाई संतोख सिंह के अनुसार:-

हुतो मुंगेर नगर इक भारे
बसह ब्रिंद नर गंगा किनारे
श्री सतगुर तह उतरे जाये
संगत सुन आई समुदाय[13]

मुंगेर से आपने जो हुक्मनामा भाई दयाल दास जी को भेजा उसमें स्पष्ट रूप से कहा 'हुण समां है सिक्खी दी सेवा करन दा' डॉ. तरलोचन सिंह लिखते है कि एक आसामी इतिहासकार का यह कहना है कि वह बेशुमार ब्राह्मणों व क्षत्रियों के गुरु बन गये और केवल वाहेगुरु-वाहेगुरु ही बोलते थे।[14] अगला पड़ाव भागलपुर में था जहाँ आज भी कई गाँव सिक्खों के बाहुल्य के क्षेत्र हैं। उनकी पोशाक बिहारी है, वह भाषा भी मिथाली बोलते हैं पर वह केसाधारी है और सिक्ख रस्मों-रिवाजों को मानते हैं। यह कई तरह से पंजाब के सिक्खों से अधिक साफ व पवित्र है।[15] यहाँ से गुरु जी मालदा, गोडाकारी, गोपालपुर पावना व मुर्शिदाबाद होते हुए ढाका पहुँचे।

ढाका उस समय बंगाल की राजधानी था व मलमल व सूती कपड़े के लिये विश्व प्रसिद्ध था। यह एक बड़ा व्यापारिक केन्द्र था, लोग धनी थे और लेन-देन में मोहरें गिनकर नहीं तोलकर दी जाती थी गुरु नानक देव जी ने अपनी पहली उदासी के समय 1507 ई. में सिख संगत स्थापित की थी। कालांतर में गुरु अमरदास तीसरे सिक्ख गुरु ने जब 22 मंजीयों की स्थापना की तो यहाँ पर भी एक मंजी स्थापित की थी। गुरु हरगोबिन्द जी के समय उदासी भाई अलमस्त जी को यहाँ प्रचार-प्रसार के लिये भेजा गया जिन्होंने भाई नत्था जी को यह कार्य सौंपा। गुरु तेग बहादुर जी के समय मंसद भाई बुलाकी दास जी प्रचार व संगठन का कार्य कर रहे थे। बुलाकी दास जी की माता गुरु जी पर बहुत श्रृद्धा रखती थी। आपने ढाका के बेहतरीन व उम्दा मलमल से गुरु जी की पोशाक बनवाई व उनके विराजने के लिये एक सिंहासन भी बनवाया था। गुरु जी ने वस्त्रों को अंगीकार किया व सिंहासन पर भी विराजे। माता जी की यह प्रबल इच्छा थी कि गुरु जी की एक तस्वीर उनके पास हो जो गुरु के पास होने का अहसास लगातार होता रहे।

नवाब शाइस्ता खान भी गुरु जी से काफी प्रभावित था उसने एक प्रसिद्ध चित्रकार एहसान तस्वीर बनाने के लिये भेजा। चित्रकार ने गुरु जी के शरीर के सभी अंग और वस्त्र तो बना लिये पर वह चेहरा नहीं बना पा रहा था। चेहरे का ओज इतना अधिक था, दैवीय तेज इतना प्रबल था वह उसका चित्र न बना पाया, गुरु जी ने स्वयं कलम लेकर चेहरा बना दिया प्रि. सतबीर सिंह ठीक लिखते हैं कि शायद यह किसी पैगम्बर का पहला स्वयं बनाया चित्र (Self Portrait) होगा। ढाका की संगत का प्यार देखते हुए गुरु जी यहाँ लगभग एक वर्ष तक रहे और कहा 'मम सिक्खी का कोठा ढाका।' इसी स्थान पर भाई मेहर चन्द व भाई कल्याण दास गुरु गोबिन्द सिंह जी के जन्म का शुभ समाचार लेकर पहुँचे। बालक का नाम गोबिन्द दास रखा गया। बचपन में गोबिन्द राय नाम भी प्रचलित होगा, पर गुरु जी के हुक्मनामों में गोबिन्द दास ही मिलता है। भाई दयाल दास व राजा फतेह चन्द मैनी के उत्साह से गोबिन्द दास के खेलने व रहने के लिये एक बड़ी हवेली का निर्माण किया गया जिसमें बाग-बगीचे भी बनाये गये। ढाका में भी इस खुशखबरी को उल्लास व खुशी से मनाया गया। रात को दीपमाला की गई कथा कीर्तन का प्रवाह चलता रहा, जरूरतमंदो को कपड़ा दिया व लंगर भी चलते रहे। ढाका से गुरु जी चिटगाँव, सिलहट, संदीप तथा जैतीपुर इत्यादि भी गये। वहाँ सिक्ख संगते गुरु नानक जी के समय से कायम थी।

## संदर्भ सूची

1. भाई संतोख सिंह गु. प्र. सू. रास 11 अंसू 49
2. ग्यानी ठाकुर सिंह श्री गुरुद्वारा दर्शन पृ. 183
3. डॉ. तरलोचन सिंह गुरुतेग बहादुर (पंजाबी) पृ. 41
4. यह हुक्मनामा गुरुद्वारा बड़ी संगत बनारस में रखा है।

5. ग्यानी ठाकुर सिंह श्री गुरुद्वारे दर्शन, पृ. 184
6. प्रि. सतबीर सिंह इति जिन करी पृ. 97–98
7. A Journey from Bengal to England, i Languages Department, Punjab 1970 p. 300.
8. Gobind Sadan Times, Nov. 2002.
9. प्रि सतबीर सिंह इति जिन करी पृ. 94
10. वही, पृ. 96
11. गुरु का अर्थ प्रभु परमेश्वर से है अपने लिये नहीं
12. महान कोष पृ. 983
13. भाई संतोख सिंह गु. प्र. स. रास 12, अंसू 4
14. डॉ. तरलोचन सिंह Prophet and Martyr, पृ. 220
15. वही, पृ. 20

## अध्याय-5

# सुदूर असम व शांति-संधि

दिल्ली में जो घटित हो रहा था उसके समाचारों से गुरु जी अवगत थे। मन्दिरों को गिराने व हिन्दुओं पर बढ़ते अत्याचारों से वह चिंतित थे। शिवाजी को राजा राम सिंह की निगरानी में रखा गया था पर अपने जीवन को खतरे में जानकर शिवाजी अगस्त 1666 में अपने बड़े बेटे के साथ आगरा से निकल गये। जादूनाथ सरकार के अनुसार "The emperor suspected that Shivaji had fled with the connivance of Ram Singh. The Rajput prince was punished first by being forbidden the court and then by being deprived of his rank and pay."[1] मराठा शिवाजी, औरंगजेब की कैद से निकल गये थे। इसका इल्जाम राजा राम सिंह पर लगाया गया कि उसने शिवाजी को भगाने की योजना में साथ दिया है और वह उस षडयन्त्र की योजना में शामिल थे। राजा राम सिंह का मुगल दरबार में आना बन्द कर दिया गया था, वह अपने घर में ही नजरबन्द थे। यह तो सर्वविदित है कि राजा राम सिंह व उसके पिता राजा जय सिंह का गुरु घर के साथ काफी मेल मिलाप व स्नेह था। जब गुरु हर गोबिन्द साहिब ने ग्वालियर के किले से 52 राजाओं को छुड़वाया था तो इनके पूर्वज भी उनमें से थे। आपने गुरु हरिकृष्ण साहिब की भी बहुत सेवा की थी। यहाँ तक कि रासीना का अपना बंगला व सेवक भी गुरु जी को अर्पित कर दिये थे।

उधर असम में अहोम जाति ने लगातार अपनी स्वतंत्रता व स्वाभिमान के लिये स्व की लड़ाई जारी रखी थी। यह प्रतिरोध का एक संगठित प्रयास था कि मुगल जीतकर भी वहाँ जीत नहीं पाते थे। अहोम एक नया वृतान्त लिख रहे थे। दिसम्बर 1667 में औरंगजेब को यह सूचना मिली कि गुहाटी पर अहोम राजाओं का कब्जा हो गया है व उन्होंने मुगल सेनापति फिरोज खान को मार दिया है। यह मुगल प्रतिष्ठा का प्रश्न था। औरंगजेब ने इस दूरस्थ प्रदेश में इस समस्या से निजात पाने के लिये कुछ विशेष कदम उठाने की ठान ली। उसके मन में यह विचार आ रहा था कि इस मुहिम के लिये कोई अच्छा योद्धा सेनापति नियुक्त किया जाये। तब राजा राम सिंह इस अभियान के लिये उसे सर्वथा उपयुक्त प्रतीत हुए। यह एक तीर से दो निशाने साधने की बात थी। अगर राजा राम सिंह इस अभियान में विजयी होता है तो अहोमों को सदा के लिये दबा दिया जायेगा, और दूरस्थ पूर्वी क्षेत्रों में मुगलों की मान व प्रतिष्ठा बढ़ जायेगी। समस्त कामरूप क्षेत्र मुगल सम्राज्य का हिस्सा बन जायेगा। अगर राजा राम सिंह इसमें विफल रहता है या मृत्यु को प्राप्त करता है तो उससे छुटकारा मिल जायेगा। ऐसी स्थिति में उसकी रियासत अम्बेर (जयपुर) को मुगल साम्राज्य में मिला लिया जायेगा। राजा राम सिंह को मुगल दरबार में पेश होने के आदेश दिये गये। 27 दिसम्बर 1667 ई को उसे एक खिल्लअत पेश की गई, एक सुनहरी काठी (सोने की काठी) व हीरों से जड़ा खंजर भी भेंट किया गया। 6 जनवरी 1668 ई. को राम सिंह को सेनापति बनाकर असम जीतने के लिये भेजा गया।[2]

लड़ाई के साजो सामान से लैस, रसद इत्यादि के साथ बड़ी संख्या में मुगल व राजपूत सेनाओं का प्रबन्ध किया गया। जादूनाथ सरकार के अनुसार दो गुप्तचर मिर्जा सैयद सैफ व मीर बेग हाजी को भी

खुफिया रिपोर्टें भेजने के लिये व राजा राम सिंह पर नजर रखने के लिये भेजा गया। गुवाहाटी में पहले रहे थानेदार रशीद खान को भी राम सिंह के साथ भेजा गया। "The total strength of the army consisted of 18000 cavalry, 30000 infantry including 15000 archers from Koch Behar and a small fleet of 41 boats only."[3]

राजा राम सिंह सबसे पहले पटना पहुँचे जहाँ माता नानकी जी व माता गुजरी जी को नत मस्तक हुए, बाल दशमेश (गुरु गोबिन्द सिंह) के दर्शन किये।[4] राजा को यहाँ यह सूचना मिली कि गुरु तेग बहादुर ढाका व असम की संगत के साथ वहाँ से जा चुके हैं। यह सुनकर राम सिंह बहुत प्रसन्न हुए क्योंकि वह गुरुजी को अपने साथ असम के अभियान पर ले जाना चाहता था। गुरु जी की अध्यात्मिक शक्तियों से वह परिचित था, असम की विपरीत परिस्थितियों में अगर कोई उसकी रक्षा कर सकता था तो वह केवल गुरु जी ही हो सकते थे। गुरु जी व संगतों के रहने से एक नैतिक बल भी मिलता। कामरूप के जादू टोने से भी वह बहुत डरता था जो केवल गुरु जी ही रोक सकते थे।[5] ढाका जाते हुए राजा राम सिंह मालदा रुके। वहाँ के सूबेदार शायस्ता खान ने राजा राम सिंह का भव्य स्वागत किया व रु. 25000 की कीमत का एक खंजर भेट किया। वहाँ से पाँच पीर भी राजा रामसिंह के साथ चल पड़े। जब राजा की भेंट गुरु जी से हुई तो उनको वस्तुस्थिति समझाई गई। राजा ने अपने मन के डर, संशय व भय भी गुरु जी को बताये। गुरु जी ने सब तरह से रक्षा का आश्वासन दिया।[6] गुरु जी ने कहा वह तो पहले ही उधर गुरु नानक द्वारा स्थापित संगत को मिलने के लिये जा रहे हैं, पर लम्बे समय तक वहाँ रुक नहीं पायेंगे।

गुरु जी फरवरी 1669 ई. में असम पहुँच गये व अपना डेरा धूबड़ी के स्थान पर किया। धूबड़ी पहले से ही एक सिख ऐतिहासिक

स्थल था। यहाँ पर गुरु नानक साहिब अपनी पूर्व की उदासियों के समय आये थे। असम में इस समय राजा चक्रध्वज सिंह अपने निपुण प्रधान मंत्री बराहगोहाई के साथ राज्य कर रहा था। उसका मुख्य सेनापति लाछन बारापुखन बहुत बहादुर व नीतिवान था। सभी असम निवासी एक जुट होकर अपने धर्म व गऊ ब्राह्मण की रक्षा के लिये लड़ रहे थे। अपने शरीर में रक्त की अंतिम बूँद तक वह लड़ने को तैयार थे।

मुगल सेना ने ब्रह्मपुत्र नदी के इस तरफ तोपों की एक पंगत खड़ी कर दी। अहोमी सेनाओं की छावनी ब्रह्मपुत्र नदी के दूसरी ओर खड़ी हो गई। कामाख्या देवी के सामने प्रार्थना व पुकारे होने लगी। शाही सेनाओं व गुरु जी पर मंत्र शक्तियों से, तंत्र-मंत्र के वार भी किये गये। उन पर बड़ी-बड़ी शिलायें व पेड़ भी फेंके गये पर कोई वार न चला। "जादूगरनियों ने मंत्र शक्तियाँ चलाकर एक भारी पत्थर गुरु साहिब की तरफ चलाया। जो आज की मिसाईलों की तरह उड़ता गुरु जी की तरफ आ रहा था। यह पत्थर 26 फुट लम्बा था। इसका घेरा 36'×28' और 28'×33' था। जो तकरीबन चौरस था....।"[7] यह पत्थर आज भी 13 फुट जमीन में चला गया है, और 13 फुट आज भी धरती के ऊपर दिखाई देता है। गुरु जी ने कमान पकड़कर एक तीर जादूगरनी की तरफ फेंका और उसे इस तरह से शक्ति प्रदर्शन से रोक दिया। आज इस स्थान पर भी एक ऐतिहासिक गुरुद्वारा विद्यमान है। अहोम शासक व सेनापति वीर थे लड़ रहे थे पर युद्ध की परेशानियों से तो वह भी परिचित थे। अहोम शासकों ने गुरु जी से अपनी चिंता बताई कि वह तो अपनी स्वतंत्रता कायम रखने के लिये एक विदेशी ताकत (मुगलों) से लड़ रहे हैं। गुरु जी ने समझाया कि राजा राम सिंह व चक्रध्वज दोनों ही क्षत्रिय हैं, हिन्दू है; एक दूसरे से क्यों लड़

रहे हैं? इसी बीच राजा राम सिंह की माँ ने यह सूचना भेजी कि औरंगजेब उसके बेटे बिशन सिंह को मारने की योजना बना रहा है।

अहोम अपनी आजादी के लिये संघर्ष कर रहे थे। राजा चक्रध्वज व उनकी माँ गुरु दरबार में इसलिये हाजिर हुए कि अपने पक्ष को स्पष्ट कर सकें। गुरु जी ने समझाया "आप दोनों का लड़ना शोभा नहीं देता है, कोई तीसरा इसका लाभ उठा रहा है। आप दोनों की लड़ाई में धर्म भाईयों का ही नुकसान है। आप दोनों क्षत्रिय कहलाते हो और क्षत्रिय का धर्म है; धर्म-युद्ध करे, न कि भाई-भाई का सिर उतारे। युद्ध धर्म की या गरीब की रक्षा के लिये करना चाहिये।"[8] दोनों समझ गये इस युद्ध में जान व माल खोने का कोई अर्थ नहीं होगा गुरु जी ने दोनों पक्षों की सुलह करवा दी और एक संधि भी हो गई। गुरु जी ने एक खंजर लेकर जोर से जमीन पर मारा और कहा कि असम वाली तरफ का क्षेत्र चक्रध्वज का है और बाकी दिल्ली का। भाई संतोख सिंह के अनुसार इस स्थान का नाम 'गुरु खंजर' हो गया।

खंजर ताको नाम उच्चारी[9]

संधि के अनुसार राजा राम सिंह गुवाहाटी पर कब्जा नहीं करेगा। और राजधानी अहोमो के पास ही रहेगी। अल्ला यार खान के साथ की गई संधि भी मान्य होगी। जो क्षेत्र मुगलों के कब्जे में है चक्रध्वज उस पर कोई दावा या झगड़ा नहीं करेगा। इस तरह से गुरु जी ने एक भयंकर खूनी लड़ाई व रक्तपात को रोक दिया। दोनों सेनाओं ने रंगा माटी से लाल मिट्टी लाकर एक अमन व शांति का टीला बना दिया जो आज तक मौजूद है। गुरु जी उस टीले पर गये जहाँ गुरु नानक देव जी पधारे थे। यहाँ आजकल गुरुद्वारा टेकरी साहिब धूवड़ी है। जहाँ लोग श्रद्धा के साथ जाते हैं। कुछ और ऐतिहासिक स्थल भी इसके आस-पास हैं। इस शांति मुहिम के पश्चात गुरु जी शीघ्रता से आनंदपुर साहिब पहुँचना चाहते थे। औरंगजेब की 'दर-उल हरब' को

दर-उल-इस्लाम में बदलने की खबरें राजा राम सिंह के खेमे में काफी फैल रही थी।

समकालीन इतिहासकार मुस्तिद खान यह लिखता है कि 7 अप्रैल 1669 ई. में "The Director of the Faith issued orders to all the Governors of Province to destroy with a willing hand the schools and temples of the infidels; and they were strictly enjoined upon to put an entire stop to the teaching and practising idolatrous forms of worship."[10]

इस तरह की घटनाओं की कोई कमी नहीं थी जब मन्दिर तोड़कर मस्जिदें बनवाई जा रही थी। कलीमत-ऐ-तईबत का कथन है कि "a Sikh temple in a village in the sir hind division was turned into a mosque"[11]

इसी तरह मिर्जा इनायत उल्ला खान, अहकम-ए-आलमगीरी में लिखता है कि औरंगजेब के आदेश से बुतखाना-ए-नानक प्रस्तां को बुरीया नगर सरकार सरहिन्द में ध्वस्त करके मस्जिद बनाई गई। समकालीन इतिहासकार खाफी खान लिखता है-

"There is a sect of infidels called Guru, more commonly known as Sikhs. Their chief, who dresses as fakir has fixed residence near Lahore. From old times he has built temples in all the towns and populous places and has appointed one of his followers to preside in each temple as his deputy. When any one of the sect brought presents or offering for the Guru to the temple the deputy had to collect them, and after deducting sufficient for his own food and expenses, his duty was to send the balance faithfully to the Guru. This sect consists principally of Jats and Khatris of the Punjab and of other tribes of infidels. When Aurangzeb got knowledge of these matters, he ordered these deputy Gurus to be removed and temples to be pulled down"[12]

पिछले दशकों में कुछ वामपंथी इतिहासकारों ने औरंगजेब को उसकी कट्टरता की नितियों से बचाते हुए उसे न्यायोचित ठहराने की चेष्टा की है और यह तर्क देने की कोशिश की है कि यह केवल

राज्य की राजनैतिक आवश्यकताओं को लेकर था और वास्तव में वह धर्मांध नहीं था।

गुरु जी पंजाब की तरफ रवाना हो गये। प्रिंसिपल हरभजन सिंह के अनुसार कलकत्ता में "राजा हरी सिंह बेहल राज्य करता था जिसने सतगुरु के पधारने की खुशी में बड़ा गुरुद्वारा बनवाया। सतगुरां ने हजूरी संगत को एक पुस्तक व कटार भेंट की जो फोर्ट विलियम में संभाली हुई है।"[13] यहाँ से आप जगन्नाथ पुरी पहुँचे। पुरी में गुरु नानक जी अपनी पहली उदासी के समय आये थे। यहाँ पर आपने आरती का उच्चारण किया था कि किस तरह से समस्त ब्रह्माण्ड ही प्रभु की आरती कर रहा है। समस्त प्रकृति चाँद, तारे, सूरज, आकाश चंदन के वन व पवन उसकी आरती कर रहे हैं।

गगन में थाल रवि चंद दीपक बने
तारिका मण्डल जनक मोती
धूप मलआनलो पवन चवरो करे
सगल बनराय फूलंत ज्योति

इनके आगमन की यादगार के रूप में यहाँ गुरुद्वारा है। पाँच प्यारों में भी भाई हिम्मत सिंह जी पुरी के रहने वाले थे।

यहाँ से चलकर आप सीधा पटना पहुँचे जहाँ अपने लख्ते जिगर बालक गोबिन्द दास जी की पहली झलक प्राप्त की। यहाँ आप लगभग तीन महीने तक रहे। मई 1670 में गुरु जी पंजाब की तरफ चल पड़े। माता नानकी, माता गुजरी जी तथा गोबिन्द दास जी अन्य लोगों के साथ पटना में ही रहे। गुरु तेग बहादुर चाहते थे कि बालक गोबिन्द जी का पालन पोषण व शिक्षा जैसे हो रही है चलती रहे,

इतने में एह साहिबजादा
वधह सरीर ओज होए ज्यादा।[14]

गुरु साहिब दिल्ली व पंजाब के हालात देखकर उचित समय पर परिवार को आन्नदपुर बुलाना चाहते थे।

पटना से चलकर गुरु जी बनारस, जौनपुर अयोध्या, लखनऊ से शाहजहाँ पुर, मुरादाबाद होते हुए दिल्ली पहुँचे। कुछ इतिहासकारों के अनुसार आप मथुरा व हरिद्वार भी गये। एक हुक्मनामे के अनुसार बनारस से आपने भाई दयाल दास को शीघ्र पहुँचने के लिये लिखा "ढिल पउ घड़ी की नहीं करनी। हंम तुमारा बैठे राह देखत है। बहुत सिताब आयना। गुरु संगत की बहुड़ी करेगा।"

दिल्ली में गुरु जी अपने अन्य संगतों व सिक्खों को भी मिले। दिल्ली में राजा जय सिंह की पत्नी रानी पुष्पा देवी से भी आपकी भेंट हुई। और आपने साथ ही राजा राम सिंह का हाल चाल भी पूछ लिया। रानी ने औरंगजेब के द्वारा राम सिंह की सेनाओं व मंसब को बढ़ाने की जानकारी से गुरु जी को अवगत कराया। नवाब सैफुद्दीन भी दिल्ली पहुँच चुका था। दिल्ली में गुरु जी लगभग दो महीने 13 दिन तक रहे। यहाँ से आप जगाधरी अंबाला तथा लखनौर होते हुए फरवरी 1671 ई. में आनंदपुर पहुँच गये।

आनंदपुर साहिब में आनंद व उल्लास था। गुरु जी के पहुँचने की खबरें आ रही थी, संगते दर्शनों के लिये उमड़ रही थी, नगर का निर्माण लगभग सम्पूर्ण हो गया था। दीप माला व सदाव्रत लंगरों को चलाकर लोगों ने खुशियाँ जाहिर की। अमृतसर से बाबा गुरदित्ता एक कीमती बाज लेकर पहुँचे, अन्य संगतें भी उल्लास से यथावत भेंटे लाई। काबुल व मालवा से भी संगत पहुँची और अपने स्थानों पर आने का निमंत्रण देने लगी।

गुरु जी को पंजाब के विभिन्न स्थानों पर आने के निमंत्रण भी मिल रहे थे। यह आवश्यक भी था कि धर्म का प्रचार किया जाये और जो

दहशत व डर का माहौल व्याप्त था उसे भी संभाला जाये। गुरु तेग बहादुर जी को आनंद पुर आये दो वर्ष हो चुके थे, शायद अब उनके परिवार व बाल गोबिन्द जी के वापिस पंजाब आने का उचित समय आ गया था। गुरुजी यह भी चाहते थे कि गोबिन्द जी आकर वहाँ का कार्य संभाले ताकि वह निश्चित होकर प्रचार के दौरों पर जा सकें।

'लिखी पत्रिका अखिल हवाल
पाठ कर चलहु बिलम सब टाल'
'आये अपनो नगर संभारह
हम जह जानो तहाँ सिधारह।'[15]

पटना की संगत में उदासी छानी तो स्वाभाविक ही थी पर गोबिन्द दास जी ने समझाया कि उन्हें दर्शन होते रहेंगे जो भी श्रद्धा प्यार व भाव से याद करेगा वह वहीं होंगे। ढाका की संगत ने सोने की एक पालकी दशमेश जी के सफर के लिये भेजी।[16] गुरु तेग बहादुर जी ने सफ़र के लिए अन्य इंतजाम कर दिये थे। गोंबिद जी के आने का रास्ता भी निर्धारित कर दिया गया। दानापुर, छोटा मिर्जापुर, बनारस, इलाहाबाद अयोध्या, लखनऊ से हरिद्वार, अम्बाला से अपने ननिहाल होते हुए आनंदपुर पहुँच गये। चक नानकी का नाम आनंदपुर इसी समय रखा गया।

मालवा में गुरु जी पहले भी प्रचार दौरे कर चुके थे। अब अक्टूबर 1673 ई. आपने मालवा दौरे के लिये आनंदपुर साहिब से प्रस्थान किया। जन साधारण को धर्म व अध्यात्म से जोड़ते हुए आप आन व स्वाभिमान की रक्षा का पाठ पढ़ाते रहे। समाज विकास व सुधार के कार्य भी साथ-साथ चल रहे थे। इस क्षेत्र में गुरुजी की याद में कई गुरुद्वारों का निर्माण हुआ है जिनकी सूची काफी बड़ी है। पर संक्षेप में इन स्थानों पर गुरुजी ने खारे पानी को मीठे जल में बदल दिया,

कुओं को गहरा करवाया और इन विकास कार्यों के लिये कई स्थानों पर माली सहायता भी दी।

जाति पाति व ऊँच-नीच के बंधनों को तोड़ते हुए गुरु जी ने बरनाला के पास हडआईया गाँव में गल घोटू बीमारी से निजात दिलवाने के लिये गाँव वासियों को चमारों की छपड़ी में स्नान के लिये कहा इससे रोगी ठीक होने शुरु हो गये। आज वहाँ एक बड़ा सरोवर है व उसका जल करामाती है। इसी तरह ढिलवाँ के स्थान पर जब गुरु जी को वहाँ दूध की कमी से अवगत करवाया गया तो आपने 101 गायें मँगवाकर गाँव को भेंट की। गाँव वाले इन महँगी गायों की भेंट लेने से हिचकिचा रहे थे तो गुरु जी ने कहा इन की देखभाल अच्छी तरह से करनी है व दूध को भी जरूरतमंदों व लोक भलाई के लिये खर्चना है।[17] मालवा के साथ आपने बांगड़ में भी कुछ स्थानों पर यात्रा की। भोले भाले, प्यार व जरुरतमंद लोगो में आपने और संगतें बनाई तथा पंचायतों ने यह प्रण किया कि वह छोटे मोटे झगड़े आपस में ही सुलझा लेंगे। गुरु जी का यही प्रभाव गुरु गोबिन्द सिंह के समय में दिखाई देता है जब खालसा में शामिल होने के लिये व धर्म पर मर मिटने के लिये हजारों की तादाद में इन क्षेत्रों से लोग आगे बढ़ चढ़कर आये।

## संदर्भ सूची

1. Jadunath Sarkar A short History of Aurangzeb p. 68.
2. डॉ. तरलोचन सिंह Prophet and Martyr p. 232.
3. S.L. Barua A comprehensive History of Assam, p. 272.
4. सेवा सिंह कोड़ा गुरु तेग बहादुर, पृ. 161।
5. वही।
6. S.L. Barua A comprehensive History of Assam, p. 272.
7. गुरु तेग बहादुर जीवन संदेश व शहादत, पृ. 230

8. सतबीर सिंह इति जिन करी, पृ. 105
9. भाई काहन सिंह महान कोष, पृ. 387
10. Ilhot and Dowson, VII. 1964 edition pp. 183-84.
11. Sri Ram Sharma, Religious Policy of the Mughals, p. 115.
12. Muntakhab-ul-Lubab ii 651 Ilhot and Dowsan; Later Mughals, Sunil Gupta, Kolkata 1955, p. 26.
13. प्रिंसिपल हरभजन सिंह गुरु तेग बहादुर जीवन संदेश व शहादत संपादित डॉ. तारनसिंह, पृ. 229
14. सतबीर सिंह इति जिन करी, पृ. 109
15. वही, पृ. 124
16. वही, पृ. 124
17. डॉ. तरलोचन सिंह संखेप जीवन गुरु तेग बहादुर (पंजाबी) पृ. 60-61।

## अध्याय-6

# अद्वितीय शहीदी

'तख्त या तख्ता' मुसलमानों के उत्तराधिकार का नियम था। जिसके पास शक्ति होती थी वह राजगद्दी पर बैठ जाता था। औरंगजेब अपने चरित्र व सोच के कारण कभी भी पिता शाहजहाँ का प्यार व विश्वास न पा सका। जब उसे पिता की बीमारी का पता चलता है उस समय वह दक्षिण में था पर शीघ्रता से वह दिल्ली की तरफ चल पड़ता है। अपनी शक्ति, कुटिलता, षडयंत्रों व बेरहमी से अपने भाईयों को समाप्त करके पिता को कैद करके औरंगजेब रक्तरंजित सिंहासन पर बैठता है। दीन के रक्षक का झूठा वायदा करके इस कट्टर बादशाह ने धर्म व दीन (इस्लाम) को फैलाने का झंडा ऊँचा उठा लिया।

गुजरात की अपनी सूबेदारी के समय औरंगजेब 1645 ई. में मंदिरों को गिराकर धर्म परायण होने के सुख को अनुभव कर चुका था। वहाँ के प्रसिद्ध मन्दिर चिंतामणी को गिराया गया वहाँ मस्जिद बनाई गई तथा उसके प्रांगण में एक गाय को भी काटा गया। "1665 ई. में औरंगजेब ने फरमान जारी किया कि गुजरात के मन्दिरों को फिर से तोड़ा जाये और शायद सोमनाथ का मन्दिर भी उसमें था।"[1]

हिन्दुओं के धार्मिक स्थानों को बड़े स्तर पर तोड़ने से पहले उसने उनके लिये कई तरह के कर लगाये व आर्थिक परेशानियाँ पैदा

कर दी। 1665 में हिन्दूओं पर महसूल चुँगी दो गुनी व मुसलमानों के लिये आधी कर दी जबकि 1667 ई. में मुस्लिम व्यापारियों से इसको बिल्कुल हटा दिया गया।

लगान विभाग में सभी नौकरियाँ केवल मुसलमानों के लिये आरक्षित कर दी गई। 1671 में एक आदेश जारी किया गया कि बादशाह की सभी जागीरों में करोड़ी के पद पर केवल मुसलमान ही लगाये जायें। सभी सूबेदारों व स्थानीय अधिकारियों को यह आदेश दिया गया कि उनके दीवान व पेशकार केवल मुस्लिम हो यह भी घोषित किया गया कि जिसको नौकरी पानी है वह इस्लाम को धारण करें।

हिन्दूओं के गुरुकुल व पाठशालाएं धर्म कर्म के अतिरिक्त लौकिक व्यावाहरिक व लेखे-जोखे इत्यादि की शिक्षा बहुत अच्छे ढंग से देते थे। मटन, कश्मीर, थट्टा, मुल्तान व बनारस उच्च शिक्षा के अध्ययन केन्द्र माने जाते थे। जहाँ उच्च योग्यता वाले ब्राह्मण शिक्षक होते थे। औरंगजेब को यह बहुत ही नागवार गुजरा कि दूरस्थ प्रदेशों से हिन्दू और मुस्लमान भी यहाँ शिक्षा ग्रहण करने आते थे। 1669 में औरंगजेब ने यह आदेश दिया कि उन पाठशालाओं को गिरा दिया जाये व उनकी झूठी पोथियों को जब्त कर लिया जाएं।[2]

1669 ई. बनारस का प्रसिद्ध विश्वनाथ मंदिर व गोपीनाथ मन्दिरों को भी ध्वस्त कर दिया गया। अगले ही वर्ष 1670 ई. में मथुरा का प्रसिद्ध व आलीशान मंदिर केशव राय को तोड़ दिया गया "यह बुत-खाना जो एक आलीशान और मजबूत इमारत थी, हुकुमत के कर्मचारियों की हिम्मत व कोशिश के सदके शीघ्र ही जमीन बराबर कर दिया गया और उस स्थान पर एक बड़ी रकम खर्च कर वहाँ एक मस्जिद की बुनियाद रखी गई। यह बुत खाना नरसिंह बुन्देला ने बनवाया था।... जहांगीर से इजाजत लेकर 33 लाख रुपये की लागत

से मन्दिर बना था जिसे देख कर लोग मुँह में उंगलियाँ डाल लेते थे अब उसे गिरा दिया गया। इस मन्दिर के सभी छोटे बड़े बुत (मूर्तियाँ) अकबरा बाद (आगरा) लाकर नवाब कुदसिया बेगम की बनाई मस्जिद की सीढ़ियों के नीचे दबाई गई। मथुरा का नाम बदलकर इस्लामाबाद लिखा व बोला जाने लगा।"[3]

आदाब व सलाम में भी परिवर्तन किया गया सिर पर हाथ रखकर या झुक कर सलाम में हिन्दूत्व की झलक मिलती थी इसलिये उसे रोक दिया गया।

औरंगजेब का अत्याचार इतना अधिक बढ़ गया कि राग विद्या, संगीत तथा काव्य रचना पर भी पाबन्दी लगा दी।

दर–उल–हरब को दर–उल–इस्लाम में बदलने के लिये उसने जिहाद छेड़ दिया, हिन्दुओं के धर्म परिवर्तन के लिये औरंगजेब ने "बनारस, कुरुक्षेत्र, कश्मीर व हरिद्वार के सैकड़ों ब्राह्मणों को कैद कर लिया कि अगर उन्होंने मुहम्मद साहिब का दीन कबूल कर लिया तो अन्य स्थानों पर हिन्दू शीघ्रता से इसे मान जायेगे।"[4] इस जुनून में बादशाह इतना पागल हो गया कि उसने यह ठान लिया कि सब को इस्लाम में कैसे लाना है। भाई मनी सिंह यह लिखते है "एक दिन ऐसे औरंगजेब विचारिया, एक ब्रह्मण जो हैन, हिन्दुआनू विद्या दिंदे हन, जे पहलां इन्हां नूं दीन विच लिआवां, तां सब हिन्दू धरम तां दीन होय आपे मेरे मज़ब विच आवैगे। ब्राह्मण बहुतियाँ नूं लगा मुस्लमान करन।"[5]

जब कश्मीर में अत्याचार व जोर जबरदस्ती ने सभी हदें पार कर ली तो कुछ धर्मी, दयावान पंडित द्रवित होकर अमरनाथ जी के मन्दिर में पुकार करने गये। पंडित कृपा राम जी ने कहा कि उसे सपने में शिव जी के दर्शन हुए है और यह वरदान मिला है कि अब धर्म

की और आपकी रक्षा गुरु नानक का घर करेगा।[6] इस तरह से यह फरियाद लेकर आनंदपुर साहिब गुरु तेग बहादुर के दरबार में पहुँचे और पुकार लगाई कि हमारे पवित्र धार्मिक स्थानों को अपवित्र कर दिया गया है। हमारी पवित्र पुस्तकें व ग्रंथ जला दिये गये हैं। हमारे घर लूट लिये हैं। अब हमारे पास मृत्यु या इस्लाम एक को चुनने का रास्ता ही बचा है।

उस काल की नीतियों, भ्रष्टाचार व बेइंसाफी को देखते हुए औरंगजेब के अपने संवेदनशील बेटे मुहम्मद अकबर ने लिखा है "हजूरपनाह के राज में वजीरों के पास कोई ताकत नहीं है, दरबारियों पर विश्वास नहीं, सिपाही निम्नतम स्तर तक गरीब हो गये है। लेखकों के पास कोई रोजगार नहीं है, व्यापारी साधन रहित हो गये है तथा किसानी दबाई व कुचली गई है। हिन्दू प्रजा पर दो तरह का संकट आ गया है, पहले शहरों में उन पर जजिया लगाया गया है, दूसरा उन पर दुश्मन का जबर है, उच्च खानदान व पुराना निरोल वंश आलोप हो चुका है। और दरबार का कारोबार हिजड़ों, कारीगरों, नीच लोगों, बदमाशों, साबुन फरोशो व दर्जीयों के हाथों में चला गया है, धोखेबाज लोग हाथ में माला ले व फकीरी का चोला पहनकर सामने आते हैं और उनकी प्रत्येक सलाह को माना जाता है। यह लोग गेहूँ दिखाते है और जौ बेचते है, यह घास को पहाड़ व पहाड़ को घास बना देते है।"[7]

औरंगजेब ने अपने जिहादी जनून के लिये कश्मीर ही क्यों चुना? सेवा सिंह इस पर विचार करते हुए मैकालिफ के हवाले से इस के कुछ ठोस कारण इस तरह से ढूँढ़ते हैं–

कश्मीरी पंडित अपनी विद्वता के लिये प्रसिद्ध हैं अगर यह इस्लाम कबूल कर लेते है तो अनपढ़ जनता दीन को शीघ्रता से कबूल कर लेगी।

पेशावर व काबुल जो मुसलमानों के गढ़ हैं कश्मीर के नजदीक हैं अगर कश्मीरी अड़ेंगे या विरोध करेंगे तो कबायलियों से हमला करवा दिया जायेगा।

कश्मीर की सीमाएं बाहर के देशों के साथ लगती हैं, इनके मुसलमान हो जाने से इस्लाम का प्रभाव क्षेत्र और बढ़ जायेगा।

कश्मीरी पंडित दान व पूजा पर पलने वाले हैं इसलिये शीघ्र ही लालच में आ जायेंगे।[8]

कश्मीर के सूबेदार इफ्तार खान को किसी भी तरह कश्मीरियों को दीन में लाने के आदेश दिये गये। गुर प्रताप सूरज ग्रंथ के अनुसार कश्मीर में सब तरह के लालच दिये गये।

धन धरनी लालच दिखरावहु
बन तुरक सभहूं सुख पावहु
धन सके मन को बिरमाये
मुख ते माधुर बाक सुनाये

कश्मीरी हिन्दुओं के साथ मीठी जुबान में धन व भूमि का लालच दिया जाये, अगर यह युक्ति काम न करे तो सत्ता व शक्ति का डर दिखाओं और किसी भी तरह इनको शरीयत में लाया जाये।

बहुत ओज को दाबा देवो
ज्यों क्यों करहु शरा में लेवहु
ज्ञानी ज्ञान सिंह के अनुसार
किछु लोभ दिखाये, जुहम कराये,
तुरक बणाये बहु हिन्दु
बहु तग लहावत, तिलक चटावत
अति सतावह तुरकिन्दु।[9]

सेवा सिंह कृत शहीद बिलास में औरंगजेब के अत्याचारों की तस्वीर इस तरह से खींची गई है।

हिन्द विखै अंध घोर मचिएओ जब
साधु सन्त न देखन पावत।
धरम दी थां अधरम होवै
नह रछक गुरु गरीब दिखावत।
तब तेग बहादुर हिन्द दी चादर
थे चक नानकी बीच बतावत।
सेवा हरी इस घोर कलू में
गुरु जंजू की लाज रखावत।

भट्ट बही तलोंडा जींद के अनुसार संवत 1732, जेठ सुदी गिआरां अर्थात् 25 मई 1675 ई. को पंडित कृपा राम सोलह मुख्य ब्राह्मणों को साथ लेकर चक नानकी पहुँच गया।

"कृपा राम बेटा अड़ू राम का
पोता नारायण दास का
पड़पोता ब्रह्म दास का
बंस ठाकुर दास का भारद्वाज गोत
सार सूत दस ब्राह्मण वासी मटन परगना
सिरी नगर देश कश्मीर

खौड़स मुखी ब्रह्मणों का संग लेकर चकनानकी आया। परगना कहलूर मैं संगत संबत सतारै सै बतीस जेठ मासै सुदी इकादसी कि दिहों गुरु तेग बहादुर महला नौमा ने इन्हें धीरज दिया।

भाई संतोख सिंह जी के अनुसार पंडितों ने पुकार लगाई कि उन्हें गुरु जी का ही आसरा हैं, उनकी बाँह पकड़कर पार लगाओं-

एक आसरा आप गुसांईं
गहहु बाहु डूबत सभ जाई

राखहु अब हिंदुन की टेक
नांहत जग मह रहे न कोये
दुखिये ब्रिज जु चल के आये पुरी अनंद
बांहि असाडी पकरीये, गुरु हर गोबिन्द के चन्द

कश्मीरी पंडितों की व्यथा सुनकर गुरु जी ने कहा "गुरु जी ने इन्हें धीरज दई, कहा तुसां की सहायता बाबा नानक जी करेगा, देखो क्या होता है। इतना कहकर आकाश की तरफ देखा। एक घरी बाद संगत की तरफ देख बचन होआ सीस दिये बिना एह काज सफल नहीं होयगा।"[10]

हालात कितने विपरीत थे भारतीय धर्म इतिहास व संस्कृति के लिए कितना बड़ा खतरा था यह काफी स्पष्ट था। इसे कोई भी समझ सकता था यह एक ऐसी चुनौती थी जिसके सामने खड़े होना, उसे झेल जाना मुश्किल था पर इतिहास की इस धारा को बहने भी तो नहीं दिया जा सकता था। मन्दिरों को तोड़ा जा रहा था, सांस्कृतिक विरासत को उजाड़ा जा रहा था, इस तूफान व बाढ़ को रोकना आवश्यक था। गुरु जी संवेदनशील थे, एक सहृदय कवि थे आपने ठान लिया इसको रोकना आवश्यक है पर आसान नहीं है। जब एक दृढ़ निश्चय कर लिया कि बड़ी से बड़ी कीमत चुकाकर भी एक नया वृतान्त लिखना है, एक नई परिभाषा गढ़नी है, जुल्म के आगे झुकना नहीं है प्रतिरोध करना है, कुर्बानी देनी है बलिदान, देना है। धर्म के वृक्ष को न तो सूखने देना है न गिरने देना है।

अपना खून देकर भी इसे हरा-भरा रखना है
धर्म कलपतर सब्ज़ रखैं
हम अपना रत सिंचाई

गुरु जी ने एक दृढ़ निश्चय कर लिया और बालक गोबिन्द दास जी ने उस पर विश्वास कर आंतरिक व आध्यात्मिक बल की मोहर

लगा दी। गोबिन्द जी ने पिता से पूछा यह तनाव का माहौल क्यों है? तो गुरु जी ने धर्मान्धता रूपी विपत्ति का वर्णन किया और यह भी कहा कि किसी महापुरुष के बलिदान की आवश्यकता है। ऐसे समय गोबिन्द जी ने कहा–

ऐसे समय रावर समजग मैं समरथ परउपकारी
न महात्मा है, धर्मात्मा पूरन पुरख अवतारी
जे सिर दीय प्रजा बचै तो बिन देरी करीये
नफे वार इसके सम सौदा और न कोई पकीये।[11]

बालक गोबिन्द दास जी का यह कहना है कि आप से बड़ा धर्मी महापुरुष और कौन होगा और सिर देकर अगर प्रजा, उसका धर्म, संस्कृति व उच्च मुल्य बचते हैं तो बड़ा ही फायदे वाला सौदा है। निस्संदेह पिता गुरु तेग बहादुर को इस कथन ने गर्व से भर दिया होगा। नौ वर्ष के नानक जी ने जंजु धारण नहीं किया और नौवें नानक (गुरु तेग बहादरु) जी इन धार्मिक चिन्हों के लिये, धर्म की स्वतंत्रता व मौलिक अधिकारों के लिये बलिदान देने चल पड़ते हैं।

गुरु जी ने चलने से पहले जुलाई 1675 में सब सिक्खों को इकट्ठा किया और गोबिन्द दास जी को गुर गद्दी देने की घोषणा कर दी, "संवत 1732 सावन प्रविष्ठे अठे दे दिंहु गुरु जी का दरबार हुआ दीवान दरगाह दरगाह मल से बचन किया, तैयारी करिये हमे गोबिन्द दास को गुरेआई देनी है, दीवान जी तुसी गुरेआई की सामग्री लै आईये। सतगुरु ने साहिबजादे को शस्त्र बस्तर सजाये अपने आसन ते लियाये बैठाएआ। दीवान दरगाह मल ने गुरेआई की सामग्री लियाये साहिबजादे के आगे राख के मत्था टेका, बाबा बुड्ढे के श्री राम कुचिर ने नन्हीं अवस्था में श्री गोबिन्द दास की भाल में चन्दन का टिका दीआ...असां हुण इथे आये कश्मीरी ब्राह्मणों की खातर दिल्ली जायेंगे।"[12]

भट्ट सेवा सिंह के अनुसार–

दास गोबिन्द थी पास बहाएओ
कमर कसा सतगुरु करायो
पाँच पैसे श्री फल एक
धर आगे दियो मस्तक टेक
बाल गुरु तब कहयो अलाये
पिता गुरु तऊ करे सहाये।[13]

गुरु जी ने पंडितों को कह दिया कि जाकर अपने शासकों को कह दे कि अगर उनके गुरु तेग बहादुर धर्म बदल लेंगे इस्लाम में प्रविष्ट हो जायेगे तो हम सब धर्म बदल लेगे। यह बात सूबेदार को बताई गई जिसने औरंगजेब को बताया, बादशाह के लिये इससे अच्छी बात क्या हो सकती थी कि केवल एक व्यक्ति के धर्म परिवर्तन से समस्त हिन्दू जाति इस्लाम में आ जायेगी औरंगजेब ने आदेश दिये कि गुरु जी को दिल्ली बुलाया जाये वह या तो इस्लाम स्वीकार करें या मृत्यु के लिये तैयार रहे।

इस से पहले कि कोई राजसी आदेश आता गुरु जी स्वयं ही दिल्ली की तरफ चल पड़े। श्री आनंदपुर सहिब व सिक्खी संगठन की व्यवस्था अपने विश्वसनीय सिक्खों को सौंपकर गुरु तेग बहादुर जी भाई मती दास भाई, सती दास, भाई दयाल दास, भाई गुरदित्ता तथा जैता जी के साथ दिल्ली की तरफ चल पड़े।[14] कवि सेवा सिंह भट्ट के अनुसार गुरु जी अपने साथ दीवान मती दास, सतीदास और भाई दयाला जी तीन साथिओं के साथ दिल्ली की तरफ चल पड़े और तीन सिक्ख भाई गुरदित्ता भाई जैता और भाई ऊदा राठौर को यह आदेश था कि वह सीधे भाई नानू सिंह के घर दिलवाली मौहल्ला दिल्ली में पहुँचे। यही पर भाई आज्ञाराम लक्खी शाह वणजारा और

भाई नगाहीआ इत्यादि इक्कठे हुए।[15] यहाँ यह बताना आवश्यक है कि गुरु जी की शहादत के बाद इनकी भूमिका काफी अहम रही।

गुरु जी आगरा में गिरफ्तार होने से पहले कई स्थानों पर गये कीरत पुर में आपने लंगर चलाये व धार्मिक स्थलों के दर्शन किये वहाँ से नन हेड़ी व सैफाबाद पहुँचे। नवाब सैफुद्दीन को गुरु जी के आत्म समर्पण की बात अच्छी नहीं लगी पर गुरु जी तो असहाय कश्मीरियों की बाजू पकड़ चुके थे उसे छोड़ने का मतलब ही नहीं था। भँट्ट चाद ने बहुत सुन्दर लिखा है।

बांहे जिना दी पकरीये सिर दीजे बाहि न छोड़ीये
तेग बहादर बोलिआ धर पईये धर्म न छोड़ीये

यहाँ से समाना, चीका, थानेसर, करनाल, पानीपत होते हुए गुरु जी आगरा पहुँच गये। वहाँ एक बाग में डेरा डाला और एक चरवाहे को अपना कीमती शाल दिया कि उसमें दो रुपये की मिठाई ले आओ। दुकानदार को कुछ शक हुआ कि यह चोरी का माल है। चरवाहे ने कोतवाल को बताया कि वह सेठ, बड़ा आदमी वहां पर है। गुरु जी ने बताया कि वह गिरफ्तार होने को आये है। यह बड़ी ही अनोखी घटना थी, गुरु जी को साथियों सहित कैद करके दिल्ली लाया गया।

दिल्ली में गुरु तेग बहादुर साहिब व तीन सिक्खों भाई मतीदास, भाई सती दास व भाई दयाला जी को एक पुरानी व जर्जर डरावनी हवेली में रखा गया। भाई गुरदित्ता जी व भाई ऊदा जी को गुरु जी ने स्वयं ही पकड़े जाने से रोक दिया। योजना के अन्तर्गत उन्हें यह जिम्मेदारी सौंपी गई कि वह 'साके' अर्थात शहीदी के बाद उस महान घटना के बाद मौका संभाले व श्री आनंदपुर साहिब खबर पहुँचाये।[16] इस हवेली से, आपको लोहे के पिंजरे में डालकर कोतवाली रखा गया।

गुरु जी को लगातार कष्ट व तसीहे दिये गये। औरंगजेब के नुमाइदे आपको बार-बार दीन में आने या करामात दिखाने को कहते रहे पर गुरु जी शांत चित्त सुन्दर मुस्कुराते चेहरे की आभा बिखेरते रहे आपने कहा।

जो अपने घर रहे सो दीन कहावै।
दूजे घर जावै बेदीन अखावै।
अज़मत है कहर फकीर नहीं दसे।
साई खड़ा सिर उपर हसै।[17]

सेवा सिंह ने डॉ. तरलोचन सिंह का हवाला देते हुए कुछ महत्त्वपूर्ण बिन्दु पकड़े हैं औरंगजेब के दरबार में गुरु जी के साथ हुई बातचीत का विश्लेषण करते हुए आप लिखते है कि बादशाह ने उनसे कहा कि उन्होंने कौन-सी बहादुरी की है। इसका उत्तर भाई मतीदास जी ने दिया कि केवल चौदह वर्ष की आयु में उन्होंने करतार पुर के युद्ध में शाही फौजों को हराया था। औरंगजेब ने कहा अन्य हिन्दू पंडितों में भी उनका विश्वास नहीं है तो वह उनकी हिमायत क्यों करते हैं। गुरु जी ने कहा गुरु नानक देव ने ब्राह्मणों की कट्टरता व जाति अभिमान का विरोध किया पर धार्मिक विश्वासों का नहीं। इसी तरह मुस्लिम मौलानों की कट्टरता का विरोध किया पर उनके धार्मिक विश्वासों का नहीं। औरंगजेब ने और भी प्रलोभन दिये कि धर्म परिवर्तित हिन्दू ऊँचे ओहदों पर है।[18] यह बातें गुरु जी के निश्चय को और दृढ़ कर रही थी।

गुरु जी को लगातार कष्ट व तसीहे दिये गये, औरंगजेब के नुमांइदे बार-बार आप को दीन में आने या करामात दिखाने को कहते रहे पर गुरुजी को कोई भी प्रलोभन या डर विचलित नहीं कर पाया जब यह समाचार गुरुजी के श्रृद्धालुओं तक पहुंचा तो वह अपने प्यारे गुरु के लिये कुछ भी करना चाहते थे। दिल्ली के मुख्य काजी, काजी

उल-कुज़ात वहाब अली को गुरु जी के जीवन के बदले में एक करोड़ रुपये देना चाहते थे। पर गुरु जी इस मिट्टी के नहीं बने थे और न ही सिक्खी में सच व ईमान के सौदे इस तरह से होते थे। वह न केवल यह जानकर नाराज हुए पर सख्ती से ऐसी हरकत की मनाही कर दी।

इतिहास गवाह है कि चाँदनी चौक के फव्वारे के स्थान पर गुरु जी से पहले तीन और महत्वपूर्ण शहीदियाँ हुई, जो अपने आप में लासानी है। इस ऐतिहासिक स्थल पर उनके तीन लाड़ले साथियों व सेवकों ने हँसते-हँसते शहीदी का जाम पीया। गुरु जी को डराने व भयभीत करने के लिये गुरु के सिक्खों में दहशत फैलाने के लिये भाई मती दास, भाई दयाला व भाई सतीदास जी को धर्म की बलिवेदी पर शहीद किया गया। भट्ट वही मुहतानी सिंधी के अनुसार "गैलो मती दास, सतीदास बेटे हीरानंद के, पोते लखीदास के, पड़पोते पिरागा के, बंस गौतम का, सारसुती भागवत गोतरे छिब्बर ब्राह्मण मारे गये।[19]

भाई मतीदास जी गुरु जी के दीवान व परम मित्र थे। भाई जी के लिये यह फतवा जारी किया गया कि उनके शरीर को आरे से चीर-फाड़कर दो टुकड़े कर दिये जाये। जब आपसे अंतिम इच्छा के बारे में पूछा गया तो आपने कहा जब उनको आरे से चीरा जाये तो उनका मुख अपने गुरु तेग बहादुर जी की तरफ होना चाहिए। भक्ति व प्यार की चरम अवस्था के मालिक भाई मतीदास जी जपु जी साहिब का पाठ करते रहे, जब शरीर के चीरे हुए दो हिस्से धरती पर गिरे तो दोनों तरफ से जपु जी साहिब की आवाज आ रही थी-

"अरधो उरध चिराय सुजारा  
परयो प्रिथी पर, हो दो फारा  
दोनों तन ते जपुजी पढ़े  
होरत सब को अचरज करे।"[20]

भाई दयाल दास जी को आदर से गुरु जी 'भाईया जी' अर्थात बड़े भाई कहकर बुलाते थे। गुरु जी के अति विश्वसनीय दयाला जी दीवान थे और गुरु घर का लेखा जोखा रखते थे। गुरु जी के हुक्मनामों में भाई साहिब के शब्दों को अपना हुक्म मानकर निवाजते हैं। आपको फतवे के द्वारा देग में उबाले जाने का हुक्म हुआ। आपको देग में उबाला गया पर आप गुरु के प्यार में पूरे उतरे। किसी कवि ने ठीक ही कहा है।

प्रेमवाली गली विचों कोई-कोई लंघदा
भाई जी दमाला होवे देग दा उबाला होवे,
मती दास प्यारा होवे सीस उते आरा होवे
सती दास वारी जावां रूं च लपेटदा

भाई सतीदास जी फारसी के विद्वान थे। गुरु जी के प्रवचनों व घटनाओं को आप फारसी में अनुवाद कर देते थे और फिर भाई मनी सिंह को सौंप देते थे। पूर्व की यात्राओं में आप संगतों के लिये भी यह काम करते थे। कहा जाता है कि औरंगजेब के दरबार का बादशाह के साथ वार्तालाप व कारागार से जो वचन गुरु जी कहे आप दर्ज करते थे पर अफसोस इतिहास की वह अमूल्य निधि औरंगजेब के मुलाजमों ने छीन ली। आपको रुई में लपेट कर जलाने का फतवा जारी किया गया। आपने भी हँसते-हँसते शहीदी प्राप्त की।

गुरु जी को डराने धमकाने की सभी योजनायें असफल हो चुकी थी बादशाह ने अंतिम दाव फिर चलाया मुख्य काजी को आदेश हुआ कि या उन्हें दीन में लाया जाये, या करामात दिखाये या मरने के लिये तैयार हो जाये। भाई संतोख सिंह लिखते हैं-

तीन बात निरनै कर लीजै
लखहु भली सो धारन कीजै

शरा चलहु कलमें को पढ़ मुख
देहु साहु भोगहु सभ विधि सुख।।28।।
जे हठ करहु न मानहु ऐहु
करामात कामल होय देहो
जिम हजरत तुम ते करवावै
तिम कर देहु दोख हरखावै।।29।
राम राय जिम तुमरो पोता
सदा साहु अनुसारी होता।30
जे ऐह दोनहुं नाहिन मानहु
अपने पान प्रान कहु हानहु।।32

पर गुरु जी, अपनी बात पर अडिग थे 'धर्म कलपत्तर सब्ज रखे हम अपनी रत सिंचाई जेल का दरोगा व दिल्ली का कोतवाल गुरु जी से काफी प्रभावित था, काजी अब्दुल्ला ने कोतवाली में बन्द गुरु जी को यह विनती करी कि मैं दरवाजा खोल देता हूँ, आप चले जाओ जो बीतेगी मैं अपने सिर पर झेल लूंगा।[21] गुरु जी ने इस सुझाव को नक्कार दिया, सत्य के व्यापारी ऐसा नहीं कर सकते। काजी ने फतवा सुना दिया। शहर में इसके चर्चे थे। सुबह सवेरे ही कोतवाली के आस-पास झाड़ू फेरा गया व पानी का छिड़काव भी किया गया। गुरु जी को पिंजरे से निकाला गया आपने कुएँ पर स्नान किया[22] और जपुजी का पाठ पढ़ा।[23] कोतवाली के बाहर एक नया चबूतरा बनाया गया था, काजी अब्दुल वहाब बोहरा ने फतवा पढ़ा कई अपराध लगाये गये जिन का जिक्र पीछे हो चुका है और एक बार फिर से वह शर्तें गुरु जी के सामने दोहराई गई उत्तर एक ही था-

राखैगे निज धर्म न हारै

समाना के जल्लाद जलालुदीन ने तलवार के एक ही वार से गुरु जी का सीस धड़ से अलग कर दिया। सारी सृष्टि में हाहाकार मच गई। एक बड़ा आंधी का तूफान उठा सब तरफ गर्द व गुब्बार छा गया पंथ प्रकाश के अनुसार-

धर तै जुदा भयो सिर जबै
आयो तूफान मुंदे दृग सबै।[24]

तूफान इतना भयंकर था कि दिल्ली हिलने लगी थी। इस तूफान के गर्दो गुब्बार में भाई जैता जी ने बड़ी जुर्रअत कर के शीश को बे अदब नहीं होने दिया। भाई जी ने गुरु जी का शीश उठा लिया व एक टोकरी में रखकर अपने दो साथियों भाई ननुआ जी व भाई अड्डा जी के साथ आनंदपुर की तरफ चल पड़े। कुछ इतिहासकार भाई जैतो जी का अकेले ही शीश ले जाना लिखते हैं। पाँच स्थानों बागपट, तरावड़ी (करनाल) अनाज मण्डी अम्बाला, नाभा साहिब, चण्डीगढ़ तथा कीरतपुर रुकते हुए भाई जैतो आनंद पुर साहिब पहुँचे। शीश का अंतिम संस्कार श्री आनंदपुर साहिब हुआ। जहाँ गुरुद्वारा शीश गंज बड़े गर्व के साथ आज भी अपने उसी स्वरूप में ला-शरीक व लासानी इतिहास को लिये खड़ा है। गुरु गोबिन्द सिंह जी ने भाई जैतो जी को 'रंघरेटे गुरु के बेटे' कहकर सम्मानित किया। दिल्ली में चांदनी चौक में शीश गंज बना।[25]

गुरु तेग बहादुर जी की शहीदी के पश्चात उस आंधी तूफान व गर्दो गुब्बार में बड़ी तेजी से गड्डों का एक काफिला लाल किले से चाँदनी चौक की तरफ बढ़ता आ रहा था। यह काफिला लक्खी शाह वणजारा शाही ठेकेदार का था। लक्खी शाह किले में आपूर्ति व वितरण का कार्य करता था। वह किले में सामान पहुँचाता था इसलिए उसके आने जाने पर कोई रोक टोक नहीं थी। उस पर किसी को संदेह भी नहीं था। यह गुरु जी का अनन्य सिख था। भाई लक्खी शाह

उसका बेटा नगाहीया भाई ऊदा व भाई गुरदित्ता जी भी इस काफिले के साथ थे। उस समय फतहपुरी की तरफ जाती इस सड़क के बीचो-बीच एक नहर बहती थी। इस काफिले को जब लाल किले से आते समय नहर की बाई तरफ कोतवाली के पास से निकाला गया और गुरु जी के पावन शरीर को उठाकर रुई के एक गड्डे में सहेज कर छुपा दिया गया। भाई लक्खी शाह जल्दी से जल्दी रसीना नगरी अपने निवास स्थान पर पहुँचना चाहता था। उसका बेटा नगाहीया एक ही हुँकार लगा रहा था कि शाही ठेकेदार का काफिला जा रहा है रास्ता छोड़ दिया जाये। भट वही जादोवंसी बड़तीया, के अनुसार भट केसों का कहना है।

'चला चलाई हो रही, गड गड उखरे मेख,
लखी नगाहीया लै गये, तूं खड़ा तमाशा वेख'

अपने निवास स्थान पर पहुँचकर लक्खी शाह ने अपने घर को ही चिता बना दिया, उसे आग लगा दी और गुरु जी के शरीर का अंतिम संस्कार आज के गुरुद्वारा रकाब गंज साहिब में कर दिया गया। उनकी अस्थियों को एक गागर में भरकर वहीं दबा दिया गया। भारत की संसद के सामने दिल्ली में रकाब गंज, घोड़ों की रकाबें बनाने वाले व छोटे-मोटे व्यवसाय करने वालो का स्थान रसीना नगरी था। गुरु जी की अंतिम छुह पाकर यह स्थान अमर व अद्वितीय हो गया। लक्खी शाह लुबाणा को सम्मान देने में भी सिख पीछे नहीं रहे। गुरुद्वारे के साथ ही लक्खी शाह लुबाणा विशाल हाल बनाया गया जहाँ बड़े समागम होते हैं। यही हाल Covid-II की भंयकर मार के समय गुरु तेग बहादुर कोविड अस्पताल में परिवर्तित हो गया। यह सर्व विदित है यहाँ 400 बिस्तर का कोविड अस्पताल बनाया गया जहाँ दवाईयाँ, आक्सीजन, लंगर व सभी सुविधायें प्रदान की गई। यह कमाल तो केवल गुरु के सिक्ख ही कर सकते थे।

अब प्रश्न यह उठता है कि उस साम्राज्य व बादशाह का क्या हाल हुआ। गुरु गोबिन्द सिंह जी ने विचित्र नाटक में इसे स्पष्ट कर दिया। आप पिता के बलिदान का वर्णन करते हुए लिखते है:-

ठीकर फोर दिलीसि सिर, प्रभ पुर किया प्यान।।
तेग बहादुर-सी क्रिया, करी न किनहू आन।।5।।
तेग बहादर के चलत, भयो जगत को सोक।।
है है है सब जग भयो, जै जै जै सुर लोक।।[26]

दिल्ली-ईश्वर (औरंगजेब) के सिर पर गुरुजी ने अपने शरीर का ठीकरा फोड़ा और वह तेजी से पतन की तरफ बढ़ने लगा धर्म, विश्वास धार्मिक चिन्ह भारत की संस्कृति का ओज व अस्मिता अक्षुण रही।

इस शहीदी से सारे जग में तो हा-हाकार मच गया पर स्वर्ग लोक में गुरु जी का जय जयकार हो रहा था क्योंकि एक बहुत ही अहम मुद्दे पर उन्होंने स्वेच्छा से यह कुर्बानी दी।

जब भारतीय संस्कृति, हिन्दूत्व, मौलिक अधिकार, धार्मिक स्वतंत्रता, राष्ट्र की अस्मिता उसका अस्तित्व ही खतरे में था। ऐसे समय में गुरु जी ने सर्वोच्च बलिदान दिया:-

हिन्दु धरम तरु मूल को राख्यो धरनि मझार।
तेग बहादर सतिगुरु त्रिण समान तन डारि।[27]

समकालीन कवि 'गुरु शोभा' के रचियता कवि सेनापति के विचार ध्यान देने योग्य व अवलोकनीय हैं।

सगल स्रिसटि पै ढापी चादर
करम धरम की जिनि पति राखी। अटल करी कलयुग मैं साखी।।14।।
सगल स्त्रिसटि जा का जस भयो। जिह ते सरब धरम बचये।
तीन लोक मैं जै जै भई। सतिगुरु पैज राखि इमलई।।15।।
तिलक जनेऊ अरि धरमसाला अटलकरी गुरु भए दिआला।।[28]

गुरु तेग बहादुर जी ने अपनी शरीर रूपी चादर से भारत की आन व शान को ढक लिया, तिलक जनेऊ और मंदिरों व पूजा के स्थलों को बचा लिया। बहुत सुन्दर शब्द है इन सांस्कृतिक मुल्यों व धर्म की कद्रों कीमतों को या यू कहें कि हिन्दू धर्म को ही अटल कर दिया। गुरु गोबिन्द सिंह जी ने बड़े मार्मिक शब्दों में इस लासानी शहीदी को घोर कलयुग में एक बड़े 'साके' का नाम दिया है। साधु पुरुषों ब्राह्मणों के लिये कुर्बानी की हद कर दी। शीश दिया पर आह (सी) भी नहीं भरी, धर्म की रक्षा के लिये उन्होंने शीश तो दे दिया पर धर्म पर अटल रहने का हठ नहीं छोड़ा–

तिलक जंजु राखा प्रभ ताका।
कीनो बडो कलू में साका।।
साधन हेत इति जिन करी।।
सीस दिया पर सी न उचरी।।
धर्म हेतु साका जिन कीया।।
सीस दिया प सिररु न दिया।।[29]

## संदर्भ सूची


1. सतीश चंद्रा मेडिवल इंडिया, भाग–2, पृ. 278
2. Satish Chandra History of Medieval India, Part-II, p. 278.
3. मुहम्मद साकी मुस्तअद खान– मुआसरे आलमगीरी
   I. सतबीर सिंह इति जिन करी पृ. 131
   II. सतीष चन्द्र Medieval India, p. 278.
4. सेवा सिंह गुरु तेग बहादुर, पृ. 233
5. भाई मनी सिंह सिखां दी भगत माला
6. सी.पी.एन. कौल History of Kashmir, p. 544.
7. Dr Tarlochan Singh Prophet and Martys, p. 268.
   सतबीर सिंह इति जिन करी, पृ. 147

8. सेवा सिंह गुरु तेग बहादुर, पृ. 234
9. ज्ञानी ज्ञान सिंह पंथ प्रकाश ज्ञानी कृपाल सिंह दूसरा एडिशन, पृ. 1126
10. गुरु कीयाँ साखीयाँ साखी नम्बर 28 The Encyclopeadia of Sikhism Vol. I, p. 132.
11. पंथ प्रकाश पृष्ठ, 149
12. गुरु कीआं साखीया, साखी नम्बर 28, पृ. 79
13. सेवा सिंह भट्ट शहीद बिलास, पृ. 57
14. भक्त लक्षमन सिंह, गुरु गोबिन्द सिंह, Languages dept Punjab 1970, p. 14.
15. कवि सेवा सिंह भट्ट शहीद बिलास
16. सतबीर सिंह इति जिन करी, पृ. 153-54
17. सतबीर सिंह इति जिन करी, पृ. 153-54।
18. सेवा सिंह गुरु तेग बहादुर, पृ. 248-49।
19. सतबीर सिंह इति जिन करो, पृ. 156
20. भाई संतोख सिंह, गु. प्र. सू. ग्र. रास 11, अंशु 54
21. सेवा सिंह कौड़ा गुरु तेग बहादुर पृ. 253
22. यह कुआं आज भी विद्यमान है व इसका जल अमृत की तरह प्रयोग किया जाता है।
23. सतबीर सिंह इति जिन, पृ. 179
24. पंथ प्रकाश, पृ. 1173
25. करोड़ सिंधिआ मिसल के सरदार बघेल सिंह ने जब दिल्ली को जीता तो वह सिख गुरुओं के ऐतिहासिक स्थानों की खोज करना चाहते थे। समय के साथ वह स्थान धूमिल हो गये थे। सबसे पहले रकाब गंज चिन्हित किया फिर बाला साहिब व बंगला साहिब का पता लगाया। लेकिन शहीदी वास्तव में कहां हुई उस स्थान का पता नहीं चल रहा था। काफी खोजबीन के पश्चात उस माश्की की घरवाली मिल गई जिस माशिक ने शहीदी के पश्चात उस स्थान को धोया था। उस वृद्ध औरत ने बताया कि मस्जिद व कोतवाली के पास यह साका हुआ था। बघेल सिंह ने वहां छोटा सा चबूतरा बनवा दिया। जब कुछ मुस्लिम नागरिक लड़ने के लिये आ गये वह इस यादाश्त को स्थापित नहीं होने देना चाहते थे, बाबा जी व सिख भी पक्के इरादों के थे। यह स्पष्ट था कि सिख शान्त नहीं होंगे। बज़ीर-ए-आज़म ने कुछ और स्थान दिलवाया वहां पर गुरु

ग्रंथ साहिब का प्रकाश भी करवाया और एक सिख को सेवा के लिये नियुक्त किया गया। 1857 के स्वतन्त्रता संग्राम के पश्चात जींद रियासत के राजा सरूप सिंह ने कुछ और ज़मीन खरीद कर गुरुद्वारा बनवाया। जींद के राजा रघुबीर सिंह ने सीधे इग्लैंड के क्राऊन (राजा) से अनुमति लेकर बड़ा भव्य गुरुद्वारा बनवा दिया। 1968 में कोतवाली का बहुत बड़ा हिस्सा भी गुरुद्वारे को प्राप्त हुआ जहां देश-विदेश से सभी धर्मों के अनुयायी दर्शन करते हैं और आशीश प्राप्त करते हैं। लेखिका ने स्वयं हिन्दू व मुस्लिम व्यापारियों व श्रृद्धालुओं को शीश गंज की सीढ़ियों पर अपने कारोबार की चाबियां रखते व बरकत मांगते देखा है।

26. दशम ग्रंथ, बचित्र नाटक: 5.13.16, पृ. 55
27. भाई संतोख सिंह, गु. प्र. सू. ग्र. रासु 11 अंशु।
28. सेनापति: श्री गुरु शोभा अध्याय 1 अंक 14-15 सम्पादित गण्डा सिंह पृ. 3 प्रकाशक पंजाब यूनिर्वसिटी, पटियाला 1967
29. गुरु गोबिन्द सिंह श्री दसम ग्रंथ साहिब भाग पहला सम्पादक डॉ. रतन सिंह जग्गी डॉ. गुरशरन कौर जग्गी गोबिन्द सदन इंस्टीटयूट फार ऐडवांस सरडीज, इन कंपेरिटिव रिलिजन, 1999

## अध्याय–7

# गुरु तेग बहादुर जी के हुक्मनामें

सिक्ख गुरुओं के हुक्मनामें एक बहुमूल्य स्रोत व धरोहर है। यह हुक्मनामें गुरुओं की तरफ से सिक्ख संगतों के लिये किसी मुख्य (मसंद) सिक्ख व महत्वपूर्ण सिक्खों के नाम से ही भेजे जाते थे। हुक्म, आदेश या ऑर्डर राजसी आदेशों से लिया जाता था, पर सिक्खों के गुरु पातशाह से कम नहीं थे उन्हें अक्सर सच्चा पातशाह कहा जाता था उनका आदेश सिक्खों के लिये 'मेहर' व बख्शीश का सूचक होता था कि गुरु ने कुछ कहा है माँगा है और सेवा करने का एक अवसर दिया है। गुरु नानक जी के समय से ही संगतें स्थापित की गई थी। गुरु जिस किसी नये क्षेत्र में जाते थे ईश्वरीय भजन व अच्छा जीवन बिताने के उपदेश के फलस्वरूप वह संगत कायम करके एक मुखिया बना देते थे। यह मुखिया कालांतर में मसंद कहलाया, वह गुरु का प्रतिनिधि होता था और संगत का नेतृत्व करता था। उसका सत्कार भी उसी भाव से होता था। गुरु तेग बहादुर जी के काफी हुक्मनामें उपलब्ध हैं व उन पर खोज की गई है। उन्हीं के आधार पर कुछ महत्वपूर्ण बिन्दु उभर कर आते है। अपने अनुयायियों पर अतुट विश्वास व केवल सिक्खी व सिक्खों के भले की बात उभर कर आती है। सिक्ख के लिये हुक्म का पालन सर्वोपरि था।

जब भी गुरु का हुक्मनामा किसी संगत में पहुँचता था तो मसन्द बड़ी श्रृद्धा व आदर से उसे प्राप्त करता था, शीश पर रखता था और फिर संगत को सुनाता था। गुरु के हुक्म पर कोई प्रश्नचिन्ह नहीं लगता था। उस हुक्मनामें को संभालकर रखना भी मुखिया का कार्य था। वह धर्मशाला में सुरक्षित रख लिये जाते थे व समय-समय पर उनके दर्शन करवाये जाते थे। धार्मिक व सामाजिक कार्यों के लिये आय का 10 प्रतिशत गुरु घर को भेंट करने का विधान था। मन्नत, अरदास किसी कार्य के नमित्त सुखणा की राशि इससे अलग होती थी। मसन्दों का काम इनको गुर सिक्खों से इक्ट्ठा करके गुरु के पास भेजना होता था। जो भेंट गुरु जी के लिये आती थी वह भी उन तक पहुँचाने का प्रावधान था। गुरु निहाल होकर प्रसन्न होकर अपने अनुयायियों को आशीश व वरदान देते थे जैसे 'गुरु रखेगा', 'जन्म सुधरेगा', 'सिक्खों का भला होगा', सिक्खों के मनोरथ गुरु पूरा करेगा 'संगत की बाहुड़ी होगी।'

गुरु जी सिक्खों की माली या आर्थिक स्थिति भी सुधारना चाहते थे इसलिये रोजी रोजगार को विशेष कृपा मिलती है, 'गुरु संगत के रोजगार में उन्नति करेगा।' रोजगार व रिजक बढ़ेगा।

इन हुक्मनामों में परिवार के प्रति उत्तरदायित्व, पैड़ी बाई का उल्लेख, घोड़े श्रीधर के लिये विशेष खान-पान और नवाब सैफुद्दीन के लिये भेंट स्वरूप सुन्दर मीनाकारी के बर्तन भेजना इत्यादि यह बताता है कि गुरुजी के लिये छोटी से छोटी बात भी महत्वपूर्ण थी।

੨੨

## ਨੌਵੇਂ ਗੁਰੂ ਤੇਗ ਬਹਾਦੁਰ ਜੀ ਵਲੋਂ ਭਾਈ ਮਲਾ ਭਾਈ ਬਾਘਾ ਜੋਗੁ

—ਦੋ ਬੈਲਾਂ ਅਤੇ ਖਚਰ ਦੀ ਚੋਰੀ—

"..ਸਰਕਾਰ ਦੀ ਖਚਰ ਜਾਣੀ ਪਾਵੈ ਨਾਹੀ ਮੁਜਰਾ ਹੋਗੁ..."

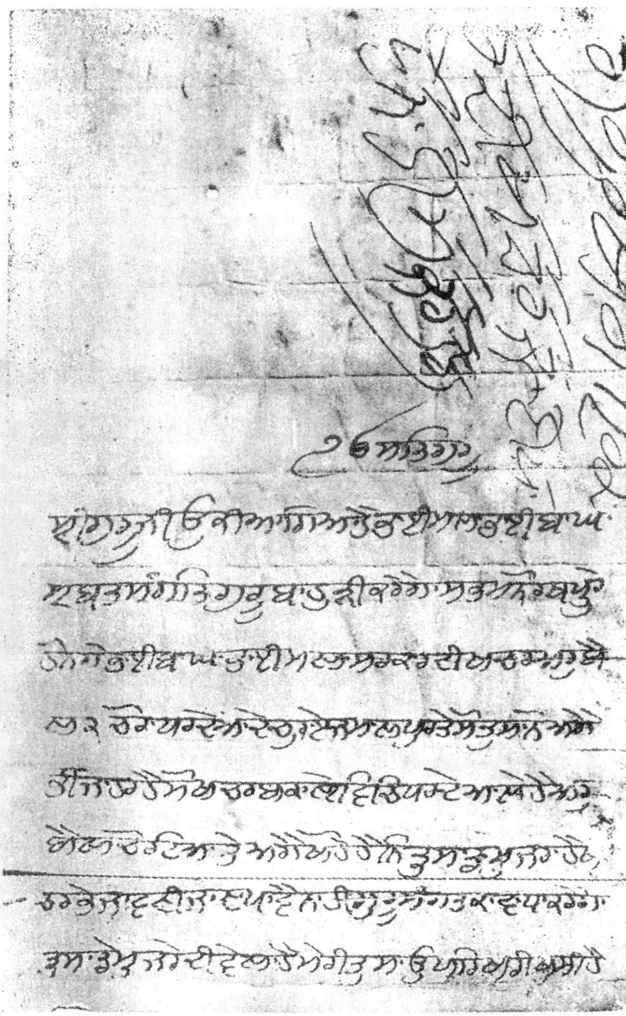

[ਨਉਸ਼ਹਰਾ ਪੰਨੂਆਂ ਵਿਚ]

## श्री गुरु तेग बहादुर जी की ओर से भाई मला भाई बाघा के प्रति

(श्री गुरू जी का लेख)

गुरू रखैगा सरका(–)
र दी खचर जाणी पा(–)
वै नाही मुजरा होगु

(लेखक का लेख)

१ ओंकार सतिगुरू

स्त्री गुरू जीउ की आगिआ है भाई मला भाई बाधा
स्रबत संगति गुरू बाहुड़ी करैगा सभ मनोरथ पूर
होनगे भाई बाघा भाई मला सरकार दी खचर अरु बै(–)
ल २ चोरा धरदेआं दे चुराए जमालपुर ते सो तुसानो अगै
भी जाहर है सो खचर बकाले विचि धरदेआले है अरु
बैल चोरटिआं ते अगै खोहै हैनि तुसाडा मुजरा है ख(–)
चर भेजावणी जाणा पावै नाही गुरू संगत का वाधा करैगा
तुसाडे मुजरे दो वेला है मेरी तुसा उपरि खरी खुसी है

੧੫

## ਨੌਵੇਂ ਗੁਰੂ ਤੇਗ ਬਹਾਦੁਰ ਜੀ ਵਲੋਂ ਸੰਗਤਿ ਪਟਨਾ ਦੇ ਨਾਮ

"...ਅਸੀਂ ਪਰੈ ਰਾਜੇ ਜੀ ਕੇ ਸਾਥ ਗਏ ਹਾਂ...
ਕਬੀਲਾ ਹਮੋਂ ਪਟਣੈ ਮੋ ਛੋਡਾ ਹੈ...ਕੋਈ ਅਵਲ ਹਵੇਲੀ ਹੋਵੇ ਬਡੀ ..
ਤਿਸ ਮੋ ਕਬੀਲੇ ਹਮਾਰੇ ਰਖਣੈ..."

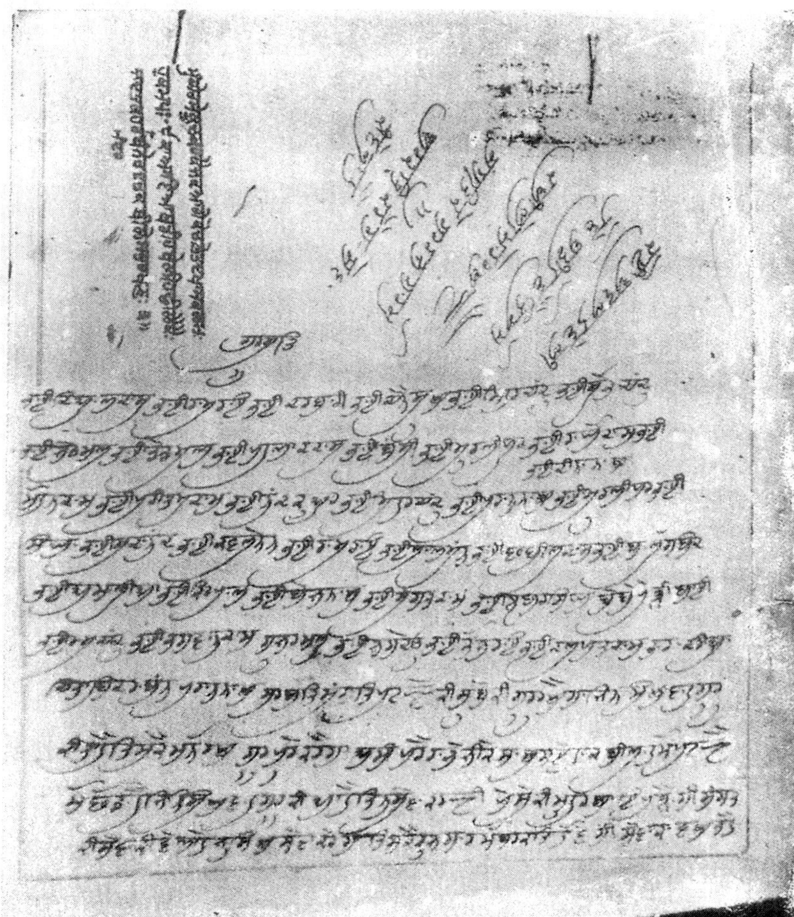

[ਸ੍ਰੀ ਹਰਿਮੰਦਿਰ ਸਾਹਿਬ ਪਟਨਾ ਸ਼ਹਿਰ]

## श्री गुरु तेग बहादुर जी की ओर से संगति पटणा के प्रति

गुरू सति

भाई दिआलदासु भाई रामराइ भाई दरबारी भाई चनसुख
भाई मिहरचंद भाई सोभचंदु
भाई जेठमलु भाई डेडमलु भाई पहलाददासु भाई बंसी
भाई मुरलीधरु भाई राधोदासु भाई दीनानाथ
भाई मोहनदासु भाई परीतमदासु भाई नंदकुआर भाई मिहरचंदु
भाई परानंनाथ भाई मुरलीधर भाई
सिंघा भाई सदानंद भाई कवलनेन भाई रामराइ भाई लालमंन
भाई छबीलदासु भाई बाल गोबिन्द
भाई अमालीआ भाई किरपालु भाई बैजनाथु भाई संगतिदासु
भाई झबरसिंह बेबे पेड़ी बाई
भाई रामचंदु भाई भगवानदासु गुजरमलु भाई जगदेउ
भाई भोजराज भाई दलपतदासु भारा दरीआ
चिता बिंदराबन परानंनाथ सरबति संगति पटणे की सूबे की गुरू
रखेगा जिन सिक्ख वाहगुरू
कीता है तिसके मनोरथ गुरू पूरे करैगा असी परै राजे जी के
साथ गए हां कबील हमो पटणे
मो छोडा है जिन सिक्ख वाहगुरू कीआ है तिन सेवा करणी पैसे
की मुहर थाइ पड़ैगी संगत
की सेवा की वेला हे जु सिक्ख सेवा करेगा तिस कै रुजगार मो
बरकति होवेगी सेवा का वखत है

कोई अवल हवेली
होवै वडी होवे तिस मो
कबीले हमारे रखणै
संगति के गुरू रुजगार मो
बरकति करैगा सेवा
की वेला है

੧੩

## ਨੌਂਵੇਂ ਗੁਰੂ ਤੇਗ ਬਹਾਦੁਰ ਸਾਹਿਬ ਵਲੋਂ ਸੰਗਤਿ ਬਨਾਰਸ ਕੇ ਸੂਬੇ ਕੀ ਜੋਗੁ

"...ਕਾਰਬਾਰ ਹੋਵੇ ਸੰਗਤਿ ਨੇ ਭਾਈ ਦਿਆਲ ਦਾਸ ਪਾਸ ਪਹੁਚਾਵਣੀ ...ਮੁਗੇਰ ਛਾਵਣੀ ਹੋਈ ਹੈ ਜੋ ਸਿਖੁ ਦਰਸਨ ਕੋ ਆਵੇਗਾ ਤਿਸ ਕੇ ਮਨੋਰਥ ਗੁਰੂ ਪੂਰੇ ਕਰੇਗਾ..."

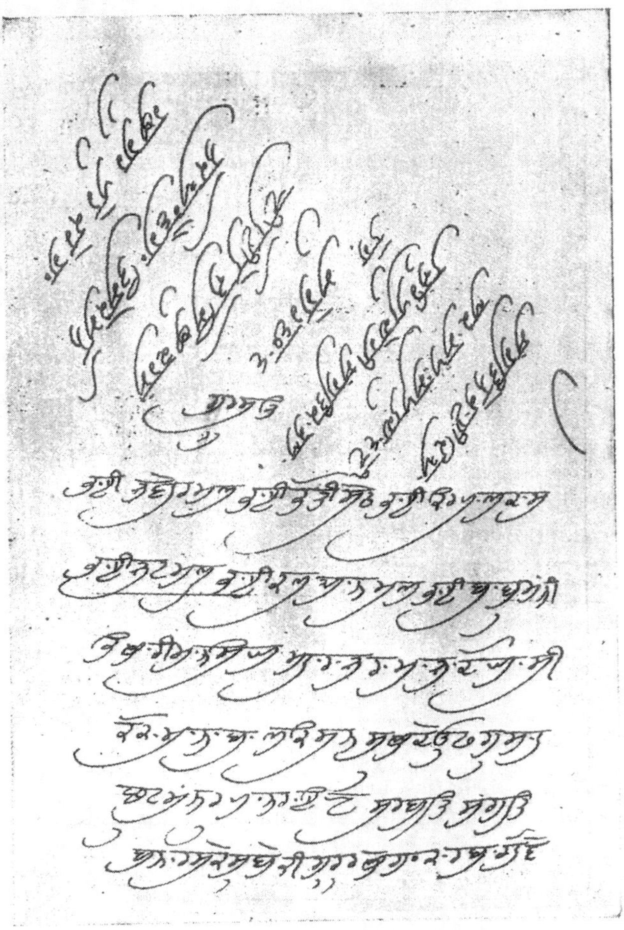

[ਗੁਰਦੁਆਰਾ ਬੜੀ ਸੰਗਤਿ ਬਨਾਰਸ ਵਿਚ]

## श्री गुरु तेग बहादुर जी की ओर से संगति बनारस के सूबे के प्रति

गुरु सति

भाई जवेहरमल भाई मोती सेठ भाई किरपालदास
भाई जटमल भाई कलआनमल भाई बाबू मनी
भिखारी मानसिंघ महाराज रामा जादो घासी
कोका माना बालकिसन सुखदेउ फगूसाह
छुटमंन रुपनराइण सरबति संगति
बनारस के सूबे की गुरू रखेगा कारबार होवे
संगति ने भाई दिआ(–)
ल दास पास पहुचावणी
हजूर पहुचेगी संगति का भला
होगु
मुगेर छाव(–)
णी होइ हे जो सिखु दरस(–)
न को आवैगा तिसके मनो(–)
रथ गुरू पूरे करेगा

੧੨

## ਨੌਵੇਂ ਗੁਰੂ ਤੇਗ਼ ਬਹਾਦੁਰ ਜੀ ਵਲੋਂ ਭਾਈ ਦਿਆਲ ਦਾਸ ਆਦਿ ਸੰਗਤਿ ਪਟਣਾ ਜੋਗੁ

"...ਅਸਾਂ ਮੁਗੇਰ ਛਾਵਣੀ ਕੀਤੀ ਹੈ...
ਭਾਈ ਜੀ ਪਰੇ ਕੇ ਜੁ ਤੁਮਾਰੇ ਸੂਬੇ ਕੇ ਮਸੰਦ ਹਨਿ ..
ਸਰਬਤਿ ਸੰਗਤਿ ਪਰੇ ਕੀ ਲੇ ਕੇ ਦਰਸਨਿ ਆਵਣਾ...

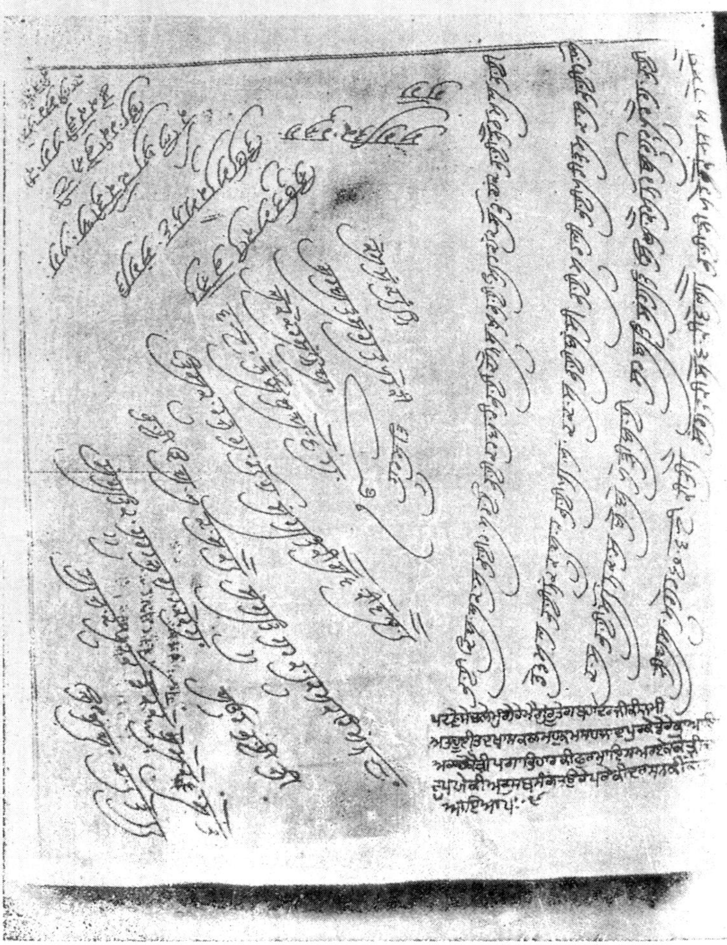

[ਸ੍ਰੀ ਹਰਿਮੰਦਿਰ ਸਾਹਿਬ ਪਟਣਾ ਵਿਚ]

## श्री गुरु तेग बहादुर जी की ओर से भाई दिआलदास आदि संगति पटणा के प्रति

१ ओंकार गुरू सति

भाई दआलदासु भाई रामराइ भाई दरबारी भाई चनसुखु
भाई मिहरचंद सोभाचंद भाई जेठूमलु भाई
डेडमलु भाई नंदकुआर भाई पहलाददास भाई बंसी भाई मुरली
भाई परीतमदासु भाई राघो
दासु भाई मोहनदासु बेबे पेड़ी बाई सरबति संगति सिखा कै मनोरथु
गुरू पूरैगा भाई
जी असा मुंगेर छावणी कीती है संगति की सेवा की वेला है
भाई जी परे के जु तुमारे सूबे

कै मसंद हनि
सरबत संगत परे की
लैके दरसनि आ(–)
वणा जो सिक्ख आवैगा
तिसका रुजगार होग संगति की सेवा की वेला है
भाई दिआलदासु कहै संगति गुरू का हुकम करि मंनणा
संगति का गुरू रुजगार करेगा और भाई जी
सहजादपुर को डेरे के खेमे के वासते
लिखिआ चाहते छेहि
जिउ तुम कहि भेजह
तिउ हम हुकमनावा संगति
को लिखह दो कोड़ीआ पगा
बिहार की भेजणी
एक कोड़ी पगा की
चालीस रुपये
की भेजणी
संगति का रुजगा(–)
र होगु

੧੦

## ਨਵੇਂ ਗੁਰੂ ਤੇਗ਼ ਬਹਾਦੁਰ ਸਾਹਿਬ ਵਲੋਂ ਸੰਗਤਿ ਬਨਾਰਸ ਜੋਗੁ

"...ਕਾਰ ਸੰਗਤਿ ਦੀ ਏਕ ਸਉ ਛਿਆਸਠ ਰੁਪਯੇ...ਹਜ਼ੂਰਿ ਆਏ..."

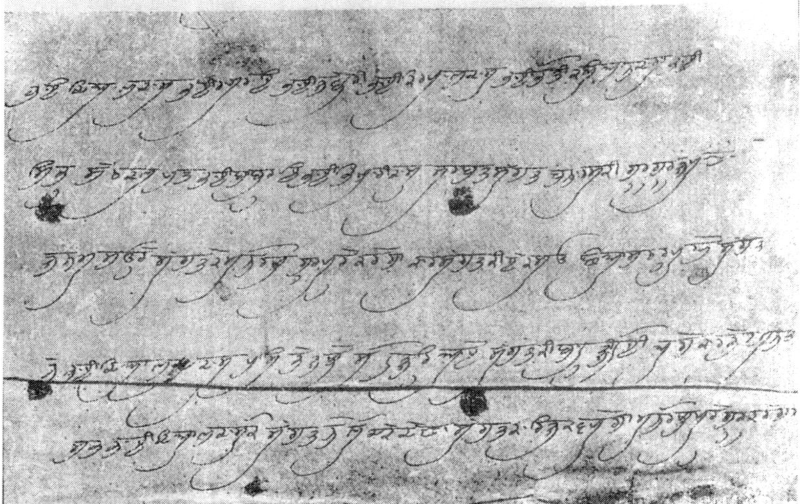

[ਗੁ. ਬੜੀ ਸੰਗਤਿ ਬਨਾਰਸ ਵਿਚ]

## श्री गुरु तेग बहादुर जी की ओर से संगति बनारस के प्रति

(गुरु सति)

भाई दिआलदास भाई रामराइ भाई जवेहरी भाई किरपालदास
भाई भोती कलिआनदास भाई
सिभू सेठ दलपत भाई बाबूराइ भाई भिखारीदास सरबत संगत
बनारस की गुरू जपणा
जनमु सगरे संगत के मनोरथ गुरू पूरे करेगा कार संगत की एक
सउ छियासठ रुपये संगत
ने भाई दिआलदास पासि भेजे थे सो हजूरि आए संगत की बहुड़ी
होई अगे कार भेट मनत
सभ भाई दिआलदास को संगत ने लोच के देणा संगत का रिजक
वधेगा मनोरथ पूरे गुरू करेगा

੫

## ਨੌਵੇਂ ਗੁਰੂ ਤੇਗ ਬਹਾਦੁਰ ਜੀ ਵਲੋਂ ਸੰਗਤਿ ਪਟਣੇ ਜੀ ਜੋਗੁ

"...ਕਾਰ ਭੇਟ ਕਪੜੇ ਭਾਈ ਮਿਹਰ ਚੰਦ ਭਾਈ ਕਲਿਆਨ ਰਾਇ ਹਥਿ ਭੇਜੀ ਥੀ ਸੋ ਹਜੂਰਿ ਪਹੁਚੀ . ਪਟਣਾ ਗੁਰੂ ਕਾ ਘਰੁ ਹੈ..."

[ਸ੍ਰੀ ਹਰਿਮੰਦਿਰ ਸਾਹਿਬ ਪਟਣਾ ਵਿਚ]

## श्री गुरु तेग बहादुर जी की ओर से संगति पटणा के प्रति

गुरू सति

भाई दिआलदासु भाई रामराइ भाई दरबारी भाई चैनसुख भाई
मिहरचंदु भाई सुभाचंदु
भाई जैसिंघ भाई चिमना भाई लालमंन भाई जेठमल भाई
डेडमल भाई पहलाददासु भाई
बंसीधर भाई मुरली भाई राघोदास भाई सेठ छबीलदास
भाई परीतमदासु भाई नंदलाल
भाई परानाथ बखशी मुरलीधर भाई हीरानंदु भाई संगति दासु
भाई झबर भाई गुरदासु पर(–)
सराम मोहनदासु नैनसुख बालगोबिन्द संकरदासु सदानंदु
सूजारामु भगवानदास गुजर
मलु संकरदासु नंदलाल छजूमलु नंदकुआर भाई जसोधानंदन
मिहरचंदू परानाथ बली
राम सभाचंद जगदेउ दलपतिराह अनीराइ घनसिआमु
सुखदेउ गजमलु गजूआ भागुमल
छबील दासु सुफेरा अमालीआ कृपाला बन्सी सुखदेऊ पेड़ी बाई
राम चन्द हरकेसु
छबीलदास सुभकरण केवलराम भागू अनंता मनसुख बसंतराइ
लछूआ बाला सदानंद साधू

सरबत संगति पटणे की गुर रखैगा गुरु गुरू
जपणा जनमु सउरे संगति का भला होवै कार
भेट कपड़े भाई मिहरचंद भाई कलिआनि राइ
हथि भेजी थी सो हजूरि पहुची संगति
के रुजगार विचि गुरू बरक(–)
ति करेगा पटणा गुरू
का घरु है संगति का भला होवैगा

੪

## ਨੌਵੇਂ ਗੁਰੂ ਤੇਗ ਬਹਾਦਰ ਜੀ ਵਲੋਂ ਸੰਗਤਿ ਪਟਣਾ ਜੋਗੁ

"...ਗੋਬਿੰਦ ਦਾਸ ਕੀ ਬਧਾਈ ਉਪਰਿ ਸੰਗਤਿ ਖਰਚ ਕੀਆ ਗੁਰੂ ਕੀ ਦਰਗਾਹ ਥਾਇ ਪਯਾ... ਸਰਪਾਉ ਭੇਜਾ ਹੈ ਪਟਣਾ ਗੁਰੂ ਕਾ ਘਰੁ ਹੈ...

[ਹਰਿਮੰਦਿਰ ਸਾਹਿਬ ਪਟਣਾ ਸ਼ਹਿਰ]

## श्री गुरु तेग बहादुर जी की ओर से संगति पटणा के प्रति

गुरू सति

भाई दिआलदास भाई रामराइ भाई दरबारी भाई चैनसुख
भाई मिहरचंद भाई सुभाचंदु
भाई जेठमलु भाई डेडमलु भाई नंदकुआर भाई दीनदिआल
भाई मिहरचंदु...
नाथ भाई हीरानंद भाई राघोदास भाई पहलाददासु भाई
बंसीधर भाई मुरलीधर...
मोहनदासु भाई नेनसुख भाई हरकेसु भाई छबीलदास भाई
भगवानदासु भाई...
भाई सदानंद भाई घनिसिआमु भाई कवलनेन भाई रामराइ
भाई मुरलीधर भाई....
भाई सिंघा भाई संगतिदासु भाई बैजनाथ भाई सुखदेउ
भाई झबरसिंघ भाई....
मु भाई जगमंन भाई छबीलदास भाई रूपन भाई लालमंन
भाई अनंतदास भाई....
सुफेरचंद भाई नेनसुख गुलालचंद बालगोबिन्द भाई भगता बिंदराबनु...
पाला फेरू बंसीधर सुखदेउ माछी सुचाराम चेनसुख हीरानदु परसराम...

मितरसैण गजमल जगदेउ दलपतदासु भाई मलूक दासिआ चेतन...
लछूआ रघुनाथ फतहचंद बेबे पेड़ेबाई दीनानाथ परानाथ...
सरबत संगति पटने की जिनि सिख
वाहगुरू कीआ है तिसके
मनोरथ पूरे होवहिगे गोबिन्द
दास की बधाई उपरि संगति
खरच कीआ गुरू की दरगह थाइ
पया रुपये की मुहर थाइ पड़ी
पीछे सेवा कीती सो था (–)
इ पई आगे जु सेवा करेगा
तिसका भला होगु संगत के रुजगार मो वर (–)
कति होगु भाई जी सरपाउ भेजिआ है
पटणा गुरु का घर है संगति का भला होगु

## ੨

## ਨੌਵੇਂ ਗੁਰੂ ਤੇਗ਼ ਬਹਾਦੁਰ ਜੀ ਦਾ ਹੁਕਮ ਭਾਈ ਜਵੇਹਰੀ ਸੰਗਤਿ ਬਨਾਰਸ ਜੋਗੁ

"...ਸਿਰੀਧਰ ਕੀ ਸੰਗਤਿ ਸੇਵਾ ਕਰਣੀ ਅਲੂਫਾ...ਦੇਣਾ...'

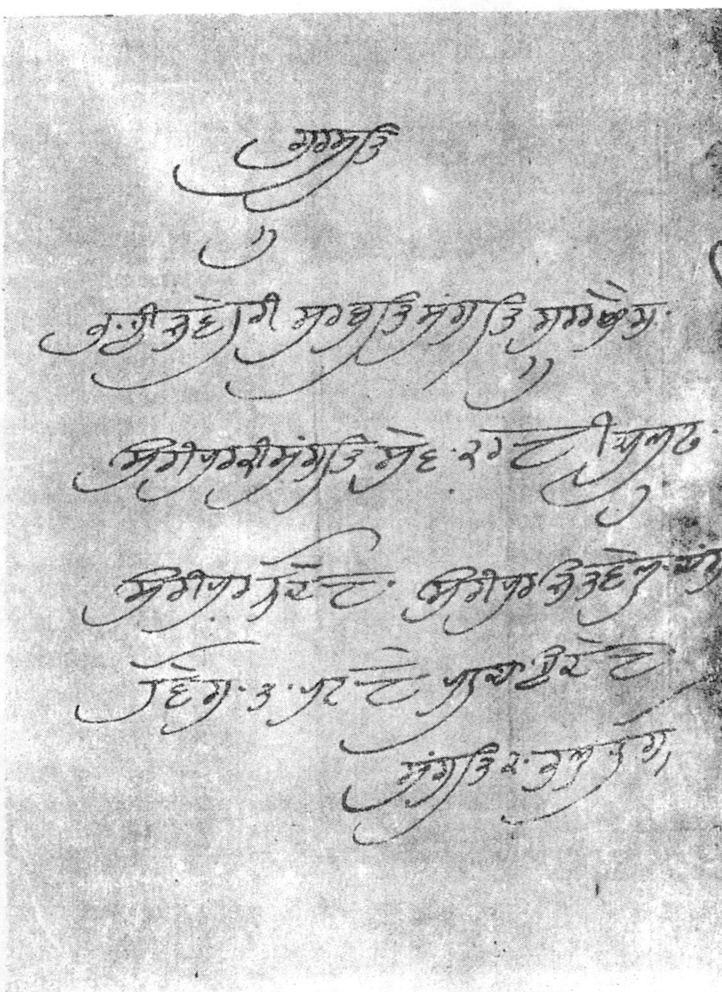

[ਗੁਰਦੁਆਰਾ ਬੜੀ ਸੰਗਤਿ ਬਨਾਰਸ ਵਿਚ]

## भाई जवेहरी संगत ( बनारस ) को
## श्री गुरु तेग बहादुर जी का हुकम

गुरु सति

भाई जवेहरी सरबति संगति गुरू रखैगा
सिरीधर की संगति सेवा करणी अलूफा
सिरीधर नो देणा सिरीधर जित वेला चंगा
होवेगा ता पटणे पहुचाई देणा
संगति का भला होगु

## अध्याय–8

# अद्‌भुत प्रतिभा के मालिक

गुरु जी बहुमुखी प्रतिभा व गुणों के धारणी हैं। आप कवि, योद्धा, संगठन कर्त्ता, नेता, कूटनितिज्ञ व दूरंदेशी थे। आप का समाज सुधार का प्रोग्राम, दलितों, स्त्रियों व पर्यावरण के प्रति संवेदनशील मन आपको अद्‌भुत स्थान प्रदान करता है, नगर निर्माण, व्यापार वाणिज्य को बढ़ावा देना उनके आर्थिक पहलूओं को उजागर करता है।

आपकी रचनायें गुरु ग्रंथ साहिब में संकलित है व बड़ी श्रद्धा व सत्कार के साथ उन का पाठ किया जाता है। आपकी रचनाओं की भाषा प्रमुख रूप से ब्रजी हिन्दी है पर गुरमुखी या पंजाबी के शब्द भी मिल जाते हैं। अरबी या फारसी का कोई भी शब्द आपकी रचनाओं में देखने को नहीं आता है। इस्लामी इतिहास की घटनाओं की तरफ भी कोई इशारा नहीं है जैसेः–

राम गयो रावण गयो जा कऊ बहु परिवार<br>हरि को नाम सदा सुखदायी

श्लोक 50

जा कऊ सिमर अजामल उधरियो, गनिका हूं गति पाई<br>पंचाली को राजसभा में महि राम नाम सुघ आई

मारू महला नौंवा

नारद कहत सुनत ध्रू बारिक

जिन चिन्हों, हवालों तथा कथाओं की तरफ आप हवाला करते हैं वह पुरातन भारतीय इतिहास से हैं।

बालक ध्रुव की अटलता, गज की पुकार, प्रहलाद की दृढ़ता, उस समय की गिरी मानसिकता को जाग्रत करने के लिये थे। गुरु गोबिन्द सिंह जी ने दसम ग्रंथ में भारतीय इतिहास की पौराणिक घटनाओं का हवाला देते हुए भारतीय जन जीवन में एक नया जोश व जागृति पैदा की थी। चण्डी का चरित्र जो राक्षसों से जूझ जाती है, कृष्णावतार भी सत्य व न्याय के लिये युद्ध की प्रेरणा देता है। गुरु तेग बहादुर जी की बाणी में यह उदाहरण एक ढाढस दे रहे थे हौंसला व दुष्टों अत्याचारियों तथा तानाशाही के विरुद्ध खड़े होने की हिम्मत दे रहे थे। आप की वाणी में थोड़े शब्दों में सागर का ज्ञान भरा हुआ है। गुरु जी की वाणी मधुर संगीतमय व वैराग्य से भरपूर है। वैराग्य का पुट है पर वह मानव को संसार से बेमुख नहीं करता है, शुभ, अशुभ, सत्य असत्य, नीति, अनीति सदाचार व दुराचार में जो भेद कर सके वह ऐसे मानव का निर्माण कर रहे थे। वह किसी भी तरह मनुष्य को उपराम नहीं कर रहे थे "इससे यह अभिप्राय नहीं है कि वह पलायनवादी थे और इस संसार को मिथ्या अथवा असत्य कह कर योगियों की तरह त्याग का उपदेश दे रहे थे। मालूम होता है कि उन्होंने अपने समय की दशा को अच्छी तरह जाँच लिया था जिसमें गरीब जनता बुरी तरह से पिस रही थी, मज़हब के नाम पर, उस समय की सरकार जो कर रही थी वह अति भयंकर रूप धारण किये हुए था और विचारों की स्वतंत्रता नाम मात्र भी नहीं थी। एक भयभीत था एक भयानक, एक मज़लूम था एक जालिम। इनको निर्भय होने की शिक्षा देते हुए गुरु ने कहा कि निपुण पुरुष वही है जो दोनों अवस्थाओं से ऊपर उठकर स्व-मानपूर्ण जीवन व्यतीत करे।... जन साधारण में कुर्बानी अथवा बलिदान के

भाव पैदा करने हेतु आवश्यक था कि मिथ्या तथा आदर्शों को सर्वोपरि मानकर लोगों को संघर्ष के लिये सावधान किया जाये।"[1]

गुरुजी के जीवन व व्यक्तित्व का एक महत्वपूर्ण पक्ष उनका समाज सुधार व मानव कल्याण का प्रोग्राम है। जब आपका इतिहास पढ़ा जाता है तो यह बड़े सशक्त रूप में उभर कर सामने आता है। पंजाब व दूरस्थ उत्तर पूर्व के दौरों के समय स्थान-स्थान पर कुएँ, तालाब तथा पोखर खुदवाये व साफ करवाये। लोगों के साफ पानी पीने के लिये मिले और वह बीमारियों से बचे रहे यह सोच गुरु जी की थी। हैज़ा, तपेदिक, चेचक व गलघोटू जैसी बीमारियों से लोगों को छुटकारा दिलवाया। गुरु साहिबान अच्छे हकीम भी थे व अच्छा दवाखाना भी रखते थे कई तरह की दुर्लभ व कीमती जड़ी बूटियाँ वहाँ रहती थी। यह सर्वविदित है कि गुरु तेग बहादुर जी के पिता गुरु हर गोबिन्द से दवा पाकर दारा शिकोह ठीक हुआ था। शाहजहाँ ने स्वयं गुरु जी से यह दवायें भेजने को कहा था। गुरु जी के दवाखाने से हरड़ व लौंग भेजे गये थे। निसंदेह वह दवाखाना गुरु तेग बहादुर जी के पास आया होगा जिससे वह मानवता का भला कर रहे थे।

लोगों को कई तरह के वहम व भरमों से भी बचाया। भूत, प्रेत इत्यादि कुछ नहीं है यह केवल मानसिक रोग हैं और नाम बानी के सिमरन व अच्छे कर्म करने से मानव वहमों में नहीं फँसता। जैसे कि सासराम व गया के बीच बहने वाली नदी को करम नास कहा जाता था। लोग उसमें स्नान नहीं करते थे इतिहास में इसका नाम सोन नदी है। गुरुजी व सिक्खों ने उसमें स्नान करके इस भ्रम को तोड़ा और कहा यह करम नास नहीं कुकर्म नास है। बेटियों का व्यापार रोका बेटी बेचो नहीं ब्याहो। अली शेर गाँव इसी तरह कि नशों को भी वर्जित किया।

गुरुजी का प्रकृति व पशु प्रेम इसी बात से पता चलता है कि आनंदपुर का चुनाव वहाँ की पहाड़ियों, प्राकृतिक, वातावरण व शांत

माहौल के कारण किया गया। आपने पक्षियों के लिये पानी व दाना रखते बालक को आशीर्वाद दिया जिसका प्रभाव दूर तक संगतों में गया होगा। अपने घोड़े श्रीधर के साथ इतना स्नेह कि संगत को हुक्मनामें में लिखा जाता है कि उसकी देख भाल करना। ढिलवाँ गाँव के वासियों को 101 गाय खरीदकर इस शर्त पर दी कि उन पशुओं की देखभाल अच्छी तरह से की जाये व दूध को लोक-भलाई व जरुरतमंद के लिये प्रयोग करना।

जाति-पाति व ऊंच-नीच के भेदभाव को मिटाते हुए गुरु जी पंधरे गाँव में रात काटने के लिये कुम्हारों के घर में रहे। इसी तरह चर्मकारों के साथ भी आपका स्नेह बना रहा।

गुरु जी ने अपने प्राणों की डोरी देकर जंजू की डोरी बचाई, अपने प्राणों की आहुति देकर भारतीय संस्कृति व उच्च विरासत को बचा लिया। अपना खून देकर माथे के तिलक की लाली को बचा लिया। कोई संदेह नहीं कि वह प्रतिरोध का नया इतिहास रच रहे थे, भारतीयता सनातन धर्म व उच्च जीवन मूल्यों की रक्षा के लिये सर्वोच्च बलिदान देने वाले गुरु तेग बहादुर जी वह त्यागी व तपस्वी है जो विश्व के इतिहास में जगमगाता सूर्य है।

भारतीय जन मानस को मानसिक गुलामी से बाहर आने का जोश हिम्मत व संकल्प दे रहे है और यह काम व्यावहारिक रूप में उनके सपुत्र गुरु गोबिन्द सिंह जी करके दिखाते है।

नौ वर्ष का बालक गोबिन्द अपने पिता को बलिदान के लिये प्रेरित करता है। कश्मीरी पंडितों की पुकार के सामने मुगलों (औरंगजेब) के अत्याचार के सामने गुरु तेग बहादुर जी ने दिल्ली के शीशगंज के स्थान पर शहीदी दी।

तिलक जंजू राखा प्रभ ताका<br>
कीनो बडो कलू में साका

धर्म हेत इति जिन करी
सीस, दिया पर सी न उचरी।

यह धार्मिक स्वतंत्रता की बात थी यह मानवाधिकारों की बात थी।

कहानी यही समाप्त नहीं हुई भारतीयों की सोच में जो जाले लग गये थे जो कमजोरी, डरना, घबराना, कायरता, भीरुपन आ चुका था भारत माता को उसकी बेबसी से उबारने के लिये अभी और आहुतियाँ आवश्यक थी धन्य है गुरु गोबिन्द सिंह धन्य उनका साहस, निडरता उच्चतम मानसिक अवस्था कि उन्होंने चारों बेटो का भी बलिदान कर दिया दो बड़े बेटे साहिबजादा अजीत सिंह साहिब जुझार सिंह चमकौर की जंग में 40 सिंहों के साथ शहीद हो गये और दो छोटे साहिबजादे नीवों में चुन दिये गये। साहिबजादा जोरावर सिंह जी, साहिबजादा फतेह सिंह जी ने धर्म परिवर्तन से इन्कार कर दिया कोई लालच भी उन्हें हिला नहीं पाया ऐसे सरवंश दानी का क्या कोई सानी है? नहीं, वह केवल गोबिन्द सिंह ही हो सकते थे जिन्होंने एक ऐसे मानव को तैयार कर दिया जो खलिस था, पवित्र था जो उच्च गुणों का धारणी था और धर्म व समाज की रक्षा के लिये तैयार बर तैयार था।

खालसा की साजना अपने आप में एक अदभुत घटना थी घास के पुतलों में एक नई रुह फूँक दी पाँच प्यारे गुरु की ललकार के सामने पेश हुए जो भारत के भिन्न-भिन्न प्रांतों से आये थे और सभी वर्णों का प्रतिनिधित्व करते थे।

गुरु गोबिन्द सिंह ने शक्ति व भक्ति का सुंदर समन्वय करके ऊँची ललकार लगाई जफर नामा में आप कहते हैं

चूंकार अज़ हमह हीलते दर गुज़श्त
हलाल अस्त बुरदन व शमशीर दस्त

जब अन्याय व असत्य के विरुद्ध सभी अन्य साधन विफल हो जाए तो सत्य व न्याय की रक्षा के लिये तलवार उठा लेना सर्वथा उचित है।

गुरु तेग बहादुर जी के बलिदान ने उनके सिक्खों को हतोत्साहित नहीं किया वरन उनमें दृढ़ता, धैर्य, शक्ति, साहस, निर्भीकता व ऐसी निष्ठा पैदा की कि वह सत्य और न्याय के लिये निरंतर संघर्ष करते रहे।

समकालीन कवि सेनापति उनका अभिनन्दन करते हुए लिखते हैं–

प्रगट भये गुरु तेग बहादुर। सगल सृष्टि पै ढापी चादर
करम धरम की जिनि पति राखी। अटल करी कलजुग में साखी।
सगल सृष्टि जा का जस भयों। जिह ते सरब धरम बचयों
तीन लोक मैं जै जै भई। सतिगुर पैज राखि इम लई।
तिलक जनेऊ अरि धरमसाला। अटल करी गुर भये दिआला
धरम हेति प्रभु पुरहि सिधाए। गुरु गोबिन्द सिंह कहिलाये।

हमारे राष्ट्रीय कवि मैथली शरण गुप्त जी ने ठीक ही कहा है–

तेग बहादुर हां वे ही थे
जिन से जन्में गोबिन्द तेग बहादुर हां वे ही थे
भारत की माई के लाल, हां वे ही थे
जिन का कुछ कर सका न काल हां वे ही थे

## संदर्भ सूची

1. पदम प्यारा सिंह वाणी गुरु तेग बहादुर पटियाला 1970 दूसरा संस्करण भूमिका भाग पृ. (झ)

# अध्याय-9

# महत्वपूर्ण चित्र

GURU TEGH BAHADUR (1669 A.D.)
(Original Painting prepared by a painter of Shaista Khan's court at *Sangat Tola Gurdwara*, Dacca

Sangat Tola Gurdwara, Dacca (Pakistan)

Guru Nanak's Well: *Sikher Mandir,* Dacca (Pakistan). The well on the extreme right is 10 ft. in diameter and 30 ft. deep. Near it is the temple, a rectangular hall with a vaulted verandah. It is under the possession of the Pakistan Government.

Bhora Sahib, Bakala (outside view)

Bhora Sahib (Meditation Cell), Bakala

Place where Guru Tegh Bahadur was married at Kartarpur

*Guru Ke Mahal*, Amritsar (inside view)
(The room in which Guru Tegh Bahadur was born)

Guru Tegh Bahadur
(*Mughal Style:* Original at Allahabad)

The Magic Stone which was thrown at Guru Tegh Bahadur
by the Tantric Women Conjurers of Kamakhya (Assam)

The Mound of Peace, Dhubri (Assam) sanctified by the visits of Guru Nanak and Guru Tegh Bahadur

The Kamakhya Document

Historic Shrine, *Damdama Sahib*, Dhubri (Assam) built jointly by the Mughal and Assamese armies to commemorate the peace brought about by Guru Tegh Bahadur between them

# अध्याय-10

# गुरु तेगबहादुर की वाणी

रागु गउड़ी महला ६।।

(१)

साधो मन का मानु तिआगउ।।
कामु क्रोधु संगति दुरजन की ता ते अहिनिसि भागउ ।। रहाउ ।।
सुखु दुखु दोनों सम करि जानै अउरु मानु अपमाना।
हरष सोग ते रहै अतीता तिनि जगि ततु पछाना ।।१।।
उसतति निंदा दोऊ तिआगै खोजै पदु निरबाना।।
जन नानक इहु खेलु कठनु है किन हूं गुरुसुखि जाना ।।२।।१।।

(२)

साधो रचना राम बनाई।।
इकि बिनसै इक असथिरु मानै अचरजु लखिओ न जाई ।।१।। रहाउ ।।
काम क्रोध मोह बसि प्रानी हरि मूरति बिसराई।।
झूठा तनु साचा करि मानिओ जिउ सपुना रैनाई।।१।।
जो दीसै सो सगल विनासै जिउ बादर की छाई।।
जन नानक जगु जानिउ मिथिआ रहिउ राम सरनाई ।।२।।२।।

(३)

प्रानी कउ हरि जसु मनि नही आवै ।।
अहिनिसि मगनु रहै माइआ मैं कहु कैसे गुन गावै ।।१।। रहाउ।।
पूत मीत माइआ ममता सिउ इह विधि आपु बंधावै ।।
मृग तृसना जिउ झूठो इह जग देखि तासि उठि धावै ।।१।।
भुगति मुकति का कारनु सुआमी मूढ़ ताहि बिसरावै ।।
जन नानक कोटन मैं कोऊ भजनु राम को पावै ।।२।।३।।

(४)

साधो इहु मनु गहिउ न जाई ।।
चंचल तृसना संगि बसतु है या ते थिरु न रहाई ।।१।। रहाउ ।।
कठन क्रोध घट ही के भीतरि जिह सुधि सभ बिसराई।
रतनु गिआनु सभ को हिरि लीना तासिउ कछु न बसाई ।।१।।
जोगी जतन करत सभ हारे गुनी रहे गुन गाई ।।
जन नानक हरि दइआला तउ सभ विधि बनि आई ।।२।।४।।

(५)

साधो गोबिन्द के गुन गावउ ।।
मानस जनमु अमोलकु पाइउ विरथा काहे गवावउ ।।१।। रहाउ।।
पतति पुनीत दीन बंध हरि सरनि ताहि तुम आवउ ।।
गज को त्रास मिटिउ जिह सिमरत तुम काहे बिसराउ ।।१।।
तजि अभिमान मोह माइआ फुनि भजन राम चितु लावउ ।।
नानक कहत मुकति पंथ इहु गुरमुखि होइ तुम पावउ ।।२।।५।।

(६)

कोऊ माई भूलि उ मनु समझावै ।।
बेद पुरान साध मग सुनि करि निमख न हरि गुन गावै ।।१।। रहाउ।।
दुरलभ देह पाइ मानस की बिरथा जनमु सिरावै ।।
माइआ मोह महा संकट बन ता सिउ रुच उपजावै ।।१।।
अंतरि बाहरि सदा संगि प्रभु ता सिउ नेहु न लावै ।।
नानक मुकति ताहि तुम मानहु जिह घटि रामु समावै ।।२।।६।।

(७)

साधो राम सरनि विसरामा ।।
बेद पुरान पढ़े को इह गुन सिमरे हरि को नामा ।। रहाउ ।।
लोभ मोह माइआ ममता फुनि अउ बिखअन की सेवा ।।
हरष सोग परसै जिह नाहनि सो मूरति है देवा ।।१।।
मरग नरक अंमृतु बिखु ए सब तिउ कंचन अरु पैसा ।।
उसतति निंदा ऐ सम जा कै लोभु मोहु फुनि तैसा ।।२।।
दुखु सुखु ए बाधे जिह नाहनि तिह तुम जानउ गिआनी ।।
नानक मुकति ताह तुम मानउ इह बिधि को जो प्रानी ।।३।।७।।

(८)

मन रे कहा भइयो तै बउरा ।।
अहिनिसि अउध घटै नहीं जानै भइयो लोभ संगि हउरा ।।१।।रहाउ।।
जी तनु तै अपनो करि मानिउ अरु सुन्दर गृह नारी।।
इन मै कछु तेरो रे नाहनि देखो सोच बिचारी ।।१।।
रतन जनमु अपनो तै हारिउ गोबिन्द गति नहीं जानी।।
निमख न लोन भइयो चरनन सिउ बिरथा अउध सिरानी ।।२।।
कह नानक सोई नरु सुखीआ राम नाम गुन गावै ।।
अउर सगल जगु माइआ मोहिआ निरभै पदु नही पावै ।।३।।

(९)

नर अचेत पाप ते डरु रे ।।
दीन दइआल सगल भै भंजन सरनि ताहि तुम परु रे ।।१।।रहाउ।।
बेद पुरान जास गुन गावत ता को नामु हीऐ मो धरु रे ।।
पावन नामु जगति मै हरि को सिमरि सिमरि कसमल सभु हरु रे ।।१।।
मानस देह बहुरि नहि पावै कछु उपाउ मुकति का करु रे ।।
नानक कहत गाइ करुनामै भव सागर कै पारि उतरु रे।।२।।९।।२५१।।

(१०)

रागु आसा महला ९।।
बिरथा कहउ कउन सिउ मन की।।
लोभि ग्रसिउ दसहू दिस धावत आसा लागिउ धन की ।।१।।रहाउ।।
सुख कै हेति बहुतु दुखु पावत सेव करत जन-जन की ।।
दुआरहि दुआरि सुआन जिउडोलत नह सुध राम भजन की ।।१।।
मानस जनम अकारथ खोवत लाज न लोक हसन की।।
नानक हरि जसु किउ नही गावत कुमति बिनासै तन की।
२।।१।।२३३।।

(११)

रागु देवगंधारी महला ९।।
यह मनु नैक न कहिउ करै।।
सीख सिखाइ रहिउ अपनी सी दुरमति ते न टरै ।।१।।रहाउ।।
मदि माइआ के भइउ बावरो हरि जसु नहि उचरै ।।
करि परपंचु जगत कउ डहकै अपनो उदरु भरै ।।१।।
सुआन पूछ जिउ होइ न सूधो कहिउ न कान धरै ।।
कहु नानक भजु रामनाम नित जाते काजु सरै ।।२।।१।।

(१२)

सभि किछु जीवत को बिवहार ॥
मात पिता भाई सुत बंधप अरु फुनि गृह की नारि ॥१॥रहाउ॥
तन ते प्रान होत जब निआरे टेरत प्रेति पुकारि ॥
आध घरी कोऊ नहि राखै घरि ते देत निकारि ॥१॥
मृग तृसना जिउ जग रचना यह देखहु रिदै विचारि ॥
कहु नानक भजु रामनाम नित जा ते होत उधार ॥२॥२॥

(१३)

जगत मैं झूठी देखी प्रीति ॥
अपने ही सुख सिउ सभ लागे किआ दारा किआ मीत ॥१॥रहाउ॥
मेरउ मेरउ सभै कहत है हित सिउ बाधिउ चीत ॥
अंति कालि संगी नह कोऊ इह अचरज है रीति ॥१॥
मन मूरख अजहू नह समझत सिक्ख दै हारिउ नीत ॥
नानक भउजलु पारि परै जउ गावै प्रभ के गीत ॥
२॥३॥६॥३८॥४७॥

(१४)

रागु बिहागढ़ा महला है ९॥
हरि की गति नहि कोऊ जानै ॥
जोगी जती तपी पचि हारे अरु बहु लोग सिआने ॥१॥रहाउ॥
छिन महि राउ रंक कउ करई राउ रंक कर डारे ॥
रीते भरे, भरे सखनावै यह ता को बिवहारे ॥१॥
अपनी माइआ आपि पसारी आपहि देखनहारा ॥
नाना रूप धरे बहु रंगी सभ ते रहै निआरा ॥२॥
अगनत अपारु अलख निरंजन जिह सभ जगु भरमाइउ ॥
सगल भरम तजि नानक प्राणी चरनि ताहि चितु लाइउ ॥३॥१॥२॥

(१५)

सोरठि महला ९।।
रे मन राम सिउ करि प्रीति ।।
स्रवन गोबिन्द गुनु सुनउ अरु गाउ रसना गीति ।।१।।रहाउ।।
करि साध संगति सिमरु माधो होहि पतित पुनीत ।।
कालु बिआलु जिउ परिउ डोलै मुख पसारे मीत ।।१।।
आजु कालि फुनि तोहि ग्रसि है समझि राखउ चोति ।।
कहै नानकु रामु भजि लै जात अउसरु बीति ।।२।।१।।

(१६)

मन की मन ही माहि रही।।
ना हरि भजे न तीरथि सेवे चोटी कालि गही ।।१।।रहाउ।।
दारा मीत पूत रथ संपति धन पूरन सभ मही।।
अवर सगल मिथिआ ए जानउ भजनु राम को सही ।।१।।
फिरत फिरत बहते जुग हारिउ मानस देह लही ।।
नानक कहत मिलन की बरीआ सिमरत कहा नहीं ।।२।।

(१७)

मन रे कउनु कुमति तै लीनी।
परदारा निदिआ रस रचिउ राम भगति नहीं कीनीं ।।१।।रहाउ।।
मुकति पंथ जानिउ ते नाहनि धन जोरन कउ धाइआ।।
अंति संग काहू नहीं दीना बिरथा आपु बंधाइआ ।।१।।
ना हरि भजिउ न गुर जनु सेविउ नह उपजिओ कछु गिआना ।।
घटि ही माहि निरंजनु तेरै तै खोजत उदिआना ।।२।।
बहुतु जनम भरमत तै हारिउ असथिर मति नहीं पाई ।।
मानस देह पाइ पद हरि भजु नानक बात बताई ।।३।।३।।

(१८)

मन रे प्रभ की सरनि बिचारो।।
जिह सिमरत गनका सी उधरी ता को जसु उर धारो ।।१।।रहाउ।।
अटल भइउ ध्रुअ जा कै सिमरनि अरु निरभै पदु पाइआ।।
दुख हरता इह बिधि को सुआमी तै काहे बिसराइआ ।।१।।
जब ही सरनि गही कृपा निधि गज गराह ते छूटा ।।
महमा नाम कहाँ लउ बरनउ राम कहत बंधन तिह तूटा ।।२।।
अजामलु पापी जग जाने निमख माहि निसतारा।।
नानक कहत चेत चिंतामनि तै भी उतरहि पारा ।।३।।४।।

(१९)

प्रानी कउनु उपाउ करै ।।
जा ते भगति राम की पावै जम को त्रासु हरै ।।१।। रहाउ।।
कउनु करम विद्या कहु कैसी धरनु कउनु फुनि करई ।।
कउनु नाम गुर जा कै सिमरै भव सागर कउ तरई ।।१।।
कल मैं एकु नामु कृपा निधि जाहि जपै गति पावै ।।
अउर धरम ता के समि नाहनि इह बिधि वेदु बतावै ।।२।।
सुख दुःख रहत सदा निरलेपी जा कउ कहत गुसाई ।।
सो तुम ही महि बसै निरंतरि नानक दरपनि निआई ।।३।।५।।

(२०)

माई मैं किह बिधि लखउ गुसाई ।।
महा मोह गिआनि तिमिर मो मनु रहिउ उरझाई ।।१।। रहाउ।।
सगल जनम भरम ही भरम खोइउ नह असथिरू मति पाई ।।
बिखिआ सकत रहिउ निस बासुर नह छटी अधमाई ।।१।।
साध संगु कबहू नहीं कीना नह कीरति प्रभ गाई ।।
जन नानक मैं नाहि कोऊ गुनु राखि लेहु सरनाई ।।२।।६।।

(२१)

माई मनु मेरो बसि नाहि ।।
निस बासुर बिखिअन कउ धावत किहि विधि रोकउ ताहि ।।१।।रहाउ।।
बेद पुरान सिमृति के मत सुनि निमख न हीए बसावै ।।
पर धन पर दारा सिउ रचिउ बिरथा जनमु सिरावै ।।१।।
मदि माइआ कै भइउ बावरो सूझत नह कछु गिआना।।
घट ही भीतरि बसत निरंजनु ता को मरमु न जाना ।।२।।
जब ही सरनि साध की आइउ दुरमति सगल बिनासी ।।
तब नानक चेतिउ चिंतामनि काटी जम की फासी ।।३।।७।।

(२२)

रे नर इह साची जीअ धारि ।।
सगल जगतु हैं जैसे सुपना बिनसत लगत न बार ।।१।। रहाउ।।
बारू भीति बनाई रचि पचि रहत नहीं दिन चारि ।।
तैसे ही इह सुखु माइआ के उरझिउ कहा गवार।।१।।
अजहू समझि कछू बिगरिउ नाहिनि भजि ले नाम मुरारि।।
कहु नानक निज मतु साधन कउ भाखिउ तोहि पुकारि ।।२।।८।।

(२३)

इह जगि मीतु न देखिउ कोई।।
सगल जगतु अपनै सुखि लागिउ दुःख में संग न होई ।।१।।रहाउ।।
दारा मीत पूत सनबंधी सगरे धन सिउ लागे ।।
जब हो निरधन देखिउ नर कउ संगु छाड़ि सभ भागे ।।१।।
कहंउ कहा यिआ मन बउरे कउ इन सिउ नेहु लगाइउ ।।
दीना नाथ सकल भै भंजन जसु ता को बिसराइउ ।।२।।
सुआन पूछ जिउ भइओ न सूंधउ बहुतु जतनु मैं कीनउ ।।
नानक लाज बिरद की राखहु नामु तुहारउ लीनउ ।।३।।९।।

(२४)

मन रे गहिउ न गुरु उपदेसु।।
कहा भइउ जउ मूंडु मुडाइउ भगवउ कीनो भेसु ।।१।।रहाउ।।
साच छाड़ि के झूठह लागिउ जनमु अकारथु खोइउ ।।
करि परपंच उदर निज पोखिआ पसु की निआई सोइउ ।।१।।
राम भजन की गति नहीं जानी माइआ हाथि बिकाना ।।
उरझि रहिउ बिखिअन संगि बउरा नामु रतनु बिसराना ।।२।।
रहिओ अचेत न चेतिउ गोबिन्द बिरथा अउध सिरानी।।
कहु नानक हरि बिरदु पछानउ भूले सदा परानी ।।३।।१०।।

(२५)

जो नरु दु:ख में दुखु नही मानै ।।
सुख सनेहु अरु भै नहीं जा कै कंचन माटी मानै ।।१।।रहाउ।।
नह निंदिया नह उसतति जाके लोभु मोहु अभिमाना।।
हरष सोग तै रहै निआरउ नाहि मान अपमाना ।।१।।
आसा मनसा सगल तिआगै जग तै रहै निरासा ।।
कामु क्रोधु जिह परसै नाहनि तिह घट ब्रहमु निवासा ।।२।।
गुरु कृपा जिह नर कउ कीनी तिह इह जुगति पछानी ।।
नानक लीन भइओ गोबिन्द सिउ जिउ पानी संगि पानी ।।३।।११।।

(२६)

प्रीतम जानि लेहु मन माही।।
अपने सुख सिउ ही जगु फांधिउ को काहू को नाही ।।१।।रहाउ।।
सुख मै आनि बहुतु मिलि बैठत रहत चहू दिसि घेरै ।।
बिपति परी सभ ही संगु छाडित कोउ न आवत नेरै ।।१।।
घर की नारि बहुतु हितु जा सिउ सदा रहत संग लागो।।
जब ही हंस तजी इह काइआ प्रेत प्रेत करि भागी ।।२।।
इह बिधि को बिउहारु बनिउ है जा सिउ नेहू लगाइउ ।।
अंतबार नानक बिनु हरि जी कोउ कामि न आइउ ।।३।।१२।।१३९।।

(२७)

धनासरी महला ९।।
काहे रे बन खोजन जाई।।
सरब निवासी सदा अलेपा तोहि संगि समाई ।।१।।रहाउ।।
पुहप मधि जिउ बासु बसतु है मुकर माहि जैसे छाई।।
तैसे ही हरि बसे निरंतरि घट ही खोजहु भाई ।।
बाहरि भीतरि एको जानहु इहु गुर गिआनु बताई।।
जन नानक बिनु आपा चीनै मिटै न भ्रम की काई ।।२।।१।।

(२८)

साधो इहु जगु भरम भुलाना ।
रामनाम का सिमरनु छोडिआ माइआ हाथि विकाना ।।१।।रहाउ।।
मात पिता भाई सुत बनिता ता कै रसि लपटाना ।।
जोबनु धनु प्रभता कै मद मै अहिनिसि रहै दिवाना ।।१।।
दीन दइआल सदा दुःख भंजन ता सिउ मनु न लगाना ।।
जन नानक कोटन मै किनहू गुरमुखि होइ पछाना ।।२।।२।।

(२९)

तिह जोगी कउ जुगति न जानउ ।।
लोभ मोह माइआ ममता फुनि जिह घटि माहि पछानउ ।।१।।रहाउ।।
पर निंदा उसतति नह जाकै कंचन लोह समानो ।।
हरष सोग ते रहै अतीता जोगी ताहि बखानो ।।१।।
चंचल मनु दह दिसि कउ धावत अचल जाहि ठहरानो।।
कहु नानक इह विधि को जो नरु मुकति ताहि तुम मानो ।।२।।३।।

(३०)

अब मै कउनु उपाय करउ ।।
जिह विधि मन को संसा चूकै भउ निधि पा रिपरउ ।।१।।रहाउ।।
जनमु पाइ कछु भलो न कीनो ता ते अधक डरउ ।।
मन बच क्रम हरि गुन नही गाए यह जीअ सोच धरउ ।।१।।
गुरमति सुनि कछु गिआनु न उपजिओ पसु जिउ उदरु भरउ ।।
कहु नानक प्रभ बिरदु पछानउ तब हउ पतत तरउ ।
२।।४।।६।।६।।९३।।५८।।४।।९३

(३१)

जैतसरी महला ९।।
भूलिउ मनु माइया उरझाइउ।।
जो जो करम कीउ लालच लगि तिह तिह आपु बंधाइउ ।।१।।रहाउ।।
समझ न परी बिखै रस रचिउ जसु हरि को बिसराइउ ।।
संगि सुआमी सो जानिउ नाहिन बनु खोजन कउ धाइउ ।।१।।
रतनु रामु घट ही के भीतरि ता को गिआनु न पाइउ ।।
जन नानक भगवंत भजन बिनु बिरथा जनमु गवाइउ ।।२।।१।।

(३२)

हरि जू राखि लेहु पति मेरी।।
जम को त्रास भइउ उर अंतरि, सरनि गही कृपा निधि तेरी ।।१।।रहाउ।।
महा पतित मुगध लोभी फुनि करत पाप अब हारा।।
भै मरबे को बिसरत नाहन तिह चिंता तनु जारा ।।१।।
कीए उपाव मुकति के कारनि दहदिस कउ उठि धाइआ।।
घटि ही भीतरि बसै निरंजनु ता को मरमु न पाइआ।।२।।
नाहिन गुनु नाहिन कछु जपु तपु कउनु करमु अब कीजै।।
नानक हरि परिउ सरनागति अभै दान प्रभ दीजै ।।३।।२।।

(३३)

मन रे साचा गहो बिचारा।।
राम नाम बिनु मिथिआ मानो सगरो इह संसारा ।।१।।रहाउ।।
जाकउ जोगी खोजत हारे पाइउ नाहि तिह पारा ।।
सो सुआमी तुम निकटि पछानो रूप रेख ते निआरा ।।१।।
पावन नाम जगत मै हरि को कबहू नाहि संभारा।।
नानक सरनि परिउ जग बंदन राखहु बिरदु तुहारा।।२।।३।।

(३४)

टोडी महला ९।।
कहउ कहा अपनी अधमाई ।।
उरझिउ कनक कामनी के रस नह कीरति प्रभ गाई ।।१।।रहाउ।।
जग झूठै कउ साचु जानि कै ता सिउ रुच उपजाई।।
दीन बंध सिमरिउ नहीं कबहू होत जु संगि सहाई।।१।।
मगन रहिउ माइआ मै निसि दिन छुटी न मन की काई ।।
कहि नानक अब नाहि अनत गति बिनु हरि की सरनाई ।।२।।१।।३१।।

(३५)

तिलंग महला ९।। काफी
चेतना है तउ चेत लै निसि दिनि मै प्रानि ।।
छिनु छिनु अउध बिहातु है फुटै घट जिउ पानी ।।९।।रहाउ।।
हरि गुन काहि न गावही मूरख अगिआना ।।
झूठै लालचि लागि कै नहि मरनु पछाना ।।१।।
अजहू कछ बिगरिउ नही जो प्रभ गुन गावै ।।
कहु नानक तिह भजन ते निरभै पदु पावै ।।२।।१।।

(३६)

जाग लेहु रे मना जागि लेहु ।।
कहा गाफल सोइअ।।
जो तन उपजिआ संग ही सो भी संग न होइआ ।।१।।रहाउ।।
मात पिता सूत बंध जन हितु जा सिउ कीना।।
जीउ छूटिउ जब देह ते डारि अगनि मै दीना ।।१।।
जीवत लउ बिउहारु है जग कउ तुम जानउ।।
नानक हरि गुन गाइ लै सभ सुफन समानउ ।।२।।२।।

(३७)

हरि जसु रे मना गाइ लै जो संगी है तेरो।
अउसरु बीतिउ जातु है कहिउ मान लै मेरो ।।१।।रहाउ।।
संपति रथ धन राज सिउ अति नेहु लगाइउ ।।
काल फास जब गलि परी सभ भइओ पराइउ ।।१।।
जानि बूझ कै बाबरे तै काजु बिगारिउ ।।
पाप करत सुकचिउ नही नह गरबु निवारिउ ।।२।।
जिह विधि गुर उपदेशिआ सो सुनु रे भाई।।
नानक कहत पुकारि कै गहु प्रभु सरनाई ।।३।।

(३८)

रागु बिलावलु महला ९ ।।दुपदे।।
दुख हरता हरिनामु पछानो।।
अजामलु गनका जिह सिमरत मुकति भए जीअ जानो ।।१।।रहाउ।।
गज की त्रास मिटी छिनहू महि जब ही रामु बखानो ।
नारद कहत सुनत ध्रुअ बारिक भजन माहि लपटानो ।।१।।
अचल अमर निरभै पदु पाहिउ जगत जाहि हैरानो।
नानक कहत भगत रछक हरि निकटि ताहि तुम मानो ।।२।।१।।

(३९)

बिलावलु महला ९।।
हरि के नाम बिना दु:ख पावै।।
भगति बिना सहसा नह चूकै गुर इह भेदु बतावै ।।१।।रहाउ।।
कहा भइओ तीरथ व्रत कीए राम सरनि नही आवै ।।
जोग जग निहफल तिह मानउ जो प्रभ जसु बिसरावै ।।१।।
मान मोह दोनौ कउ परहरि गोबिन्द के गुन गावै ।।
कहु नानक इह विधि को प्रानी जीवन मुकति कहावै ।।२।।२।।

(४०)

जा मै भजनु रामु को नांही ।।
तिह नर जनमु अकारथ खोइआ यह राखहु मन माही ।।१।।रहाउ।।
तीरथ करै ब्रत फुनि राखै नह मनूआ बसि जा को ।।
निहफल धरम ताहि तुम मानो साचु कहत मैं या कउ ।।१।।
जैसे पाहनि जल महि राखिउ भेदै नाहि तिहि पानी ।।
तैसे ही तुम ताहि पछानो भगति हीन जो प्रानी ।।२।।
कल मै मुकति नाम ते पावत गुर यह भेदु बतावै।।
कहु नानक सोई नरु गरुआ जो प्रभ के गुन गावै ।।३।।३।।

(४१)

रागु रामकली महला ९ तिपदे ।।
रे मन उटि लेहु हरिनामा ।।
जा कै सिमरनि दुरमति नासै पावहि पदु निरबाना ।।१।।रहाउ।।
बडभागी तिह जन कउ जानउ जो हरि के गुन गावै ।।
जनम जनम के पाप खोइ कै फुनि बैकुंठि सिधावै।।१।।
अजामलु कउ अन्त काल मै नाराइन सुधि आई।।
जां गति कउ जोगीसुर बाछत सो गति छिन महि पाई ।।२।।
नानक गुनु नाहनि कछु बिदिआ धरमु कउनु गजि कीना ।।
नानक बिरदु राम का देखो अभै दानु तिहि दीना।।३।।१।।

(४२)

साधौ कउनु जुगति अब कीजै।।
जाते दुरमति सगल बिनासै राम भगति मनु भीजै ।।१।।रहाउ।।
मन माइआ मै उरझि रहिउ है बूझै नह कछु गिआना ।।
कउनु नामु जग जा कै सिमरै पावै पदु निरबाना ।।१।।
भए दइआल कृपाल संत जन तब इह बात बताई।
सरब धरम मानो तिह कीए जिह प्रभ कीरति गाई ।।२।।
राम नाम नर निसि बासुर मै निमख एक उर धारै ।।
जम को त्रासु मिटै नानक तिह अपुनो जनमु सवारै ।।३।।२।।

(४३)

प्रानी नाराइन सुधि लेइ।
छिनु छिनु अउध घटै निस बासुर बृथा जातु है देह ।।१।।रहाउ।।
तरनापो बिखिअन सिउ खोइउ बालपनु अगिआना ।।
बिरध भइउ अजहू नही समझै कउनु कुमति उरझाना ।।१।।
मानस जनम दीउ जिह ठाकुर सो तै किओ बिसराइउ ।।
मुकति होत नर जाकै सिमरै निमख न ता को गाइउ ।।२।।
माइया को मदु कहा करतु है संग न काहू जाई।।
नानक कहत चेति चिंतामनि होइ है अंति सहाई ।।३।।३।।८१।।

(४४)

हरि को नामु सदा सुखदाई ।।
जा कउ सिमरि अजामलु उधरिउ गनका गति पाई ।।१।।रहाउ।।
पंचाली कउ राज सभा मैं राम नाम सुधि आई।
ता को दुखु हरिउ करुनामै अपनी पैज बढ़ाई ।।१।।
जिह नर जसु कृपा निधि गाइउ ता कउ भइउ सहाई ।।
कहु नानक मै इही भरोसै गहि आन सरनाई।।२।।१।।

(४५)

अब मै कहा करउ री माई ।।
सगल जनम बिखिअनि सिउ खोइआ सिमरिउ नाहि कनाई ।।१।।रहाउ।।
काल फास जब गर मै मेली तिह सुधि सभ बिसराई।।
राम नाम बिनु या संकट मै को अब होत सहाई ।।१।।
जो संपति अपनी करि मानी छिन मो भई पराई ।।
कहु नानक यह सोच रही मनि हरि जसु कबहू न गाई ।।२।।२।।

(४६)

माई मै मन को मानु न तिआगिउ ।।
माइआ के मदि जनमु सिराइउ राम भजनि नही लागिउ ।।१।।राहाउ।।
जम को डंडु परिउ सिर ऊपरी तब सोवत तै जागिउ।।
कहा होत अब कै पछुताए छूटत नाहिन भागिउ ।।१।।
इह चिंता उपजी घट मैं जब गुरु चरनन अनुरागिउ।।
सुफलु जनमु नानक तब हुआ जो प्रभ जस मै पागिउ ।।२।।३।।

(४७)

रागु बसंतु हिंडोल महला ९।।
साधो इह तनु मिथिआ जानउ ।।
या भीतरि जो राम बसतु है साचो ताहि पछानो ।।१।।रहाउ।।
इहु जगु है संपति सुपने की देखि कहा ऐडानो ।।
संगि तिहारै कछु न चालै ताहि कहा लपटानो।।१।।
उसतति निंदा दोऊ परहर हरि कीरति उर आनो ।।
जन नानक सभ ही मैं पूरन एक पुरख भगवानो।।२।।१।।

(४८)

पापी हीए मैं कामु बसाइ।।
मनु चंचलु याते गहिओ न जाइ ।।१।।रहाउ।
जोगी जंगम अरु संनिआस ।।
सभ ही परिडारो इह फास ।।१।।
जिहि जिहि हरि को नामु सम्हारि ।।
ते भव सागर उतरे पारि ।।२।।
जन नानक हरि की सरनाइ।।
दीजै नामु हरै गुन गाइ ।।३।।२।।

(४९)

माई मै धनु पाइओ हरि नामु।।
मनु मेरो धावन ते छुटिउ करि बैठो बिसरामु ।।१।।रहाउ।।
माइआ ममता तन ते भागी उपजिउ निरमल गिआनु ।।
लोभ मोह इह परसि न साकै गही भगति भगवान ।।१।।
जनम जनम का संसा चूका रतनु नामु जब पाइआ।।
तृसना सकल बिनासीं मन ते निज सुख माहि समाइआ ।।२।।
जा कउ होत दइआलु कृपा निधि सो गोबिन्द गुन गावै।।
कहु नानक इह बिधि को सधै कोऊ गुरमुखि पावै ।।३।।३।।

(५०)

मन कहा बिसारिउ राम नामु ।।
तनु बिनसै जम सिउ परै कामु ।।१।।रहाउ।।
इहु जगु धूए का पहार।।
तै साचा मानिआ किह बिचारि ।।१।।
धनु दारा संपति ग्रेह ।।
कछु संगि न चालै समझ लेह ।।२।।
इक भगति नाराइन होइ संगि।।
कहु नानक भजु तिह एक रंगि ।।३।।४।।

(५१)

कहा भूलिउ रे झूठे लोभ लाग ।।
कछु बिगरिउ नाहनि अजहु जाग ।।१।।रहाउ।।
सम सुपनै कै इहु जगु जानु ।।
बिनसै छिन मै साची मानु ।।१।।
संगि तेरै हरि बसत नीत ।।
निस बासुर भजु ताहि मीत ।।२।।
बार अंत की होइ सहाइ।।
कहु नानक गुन ताके गाइ ।।३।।५।।६३।।

(५२)

रागु सारंग महला ९।।
हरि बिनु तेरो को न सहाई।।
कांकी मात पिता सुत बनिता को काहू को भाई ।।१।।रहाउ।।
धनु धरनी अरु संपति सगरी जो मानिउ अपनाई ।।
तन छूटै कछु संगि न चालै कहा ताहि लपटाई ।।१।।
दीन दइआल सदा दुःख भंजन ता सिउ रुचि न बढ़ाई।
नानक कहत जगत सभ मिथिआ जिउ सुपना रैनाई ।।२।।१।।

(५३)

कहा मन बिखिआ सिउ लपटाई ।।
या जग मै कोउ रहनु न पावै इक आवहि इक जाही ।।१।।रहाउ।।
कांको तनु धनु संपति कांकी का सिउ नेहु लगाही।।
जो दीसै सो सगल बिनासै जिउ बादर की छाही ।।१।।
तजि अभिमानु सरणि संतन गहु मुकति होहि छिन माही।।
जन नानक भगवंत भजन बिनु सुखु सुपने भी नाही ।।२।।२।।

(५४)

कहा नर अपनो जनमु गवावै ।।
माइआ मदि बिखिआ रसि रचिउ राम सरनि नहीं आवै ।।१।।रहाउ।
इहु संसारु सगल है सुपनो देखि कहा लोभावै ।।
जो उपजै सो सगल बिनासै रहनु न कोउ पावै ।।१।।
मिथिआ तनु साचो करि मानिउ इह विधि आपु बंधावै ।।
जन नानक सोऊ जग मुकता राम भजन चितु लावै ।।२।।३।।

(५५)

मन करि कबहु न हरि गुन गाइओ।
बिखिआ सकति रहिओ निस बासुर कीनो अपनो भाइओ।।१।।रहाउ।।
गुर उपदेसु सुनिओ नह काननि पर दारा लपटाइओ ।।
पर निंदिआ कारनि बहु धावत समझिओ नह समझाइओ ।।१।।
कहा कहउ मैं अपनी करनी जिह विधि जनमु गवाइओ।
कहि नानक सभ अउगन मो मैं राखि लेहु सरनाइओ।।
२।।४।।३।।१३।।१३९।।४।।१५९।।

(५६)

रागु जैजावंती महला ९।।
राम सिमर राम सिमर इहै तेरै काजि है ।।
माइआ को संगु तिआगि प्रभ जू की सरनि लाग ।।
जगत सुख मानु मिथिआ झूठो सभ साजु है ।।१।।रहाउ।।
सुपने जिउ धनु पछानु ।।
काहे पर करत मानु ।।
बारू की भीति जैसे बसुधा को राजु है ।।१।।
नानक जन कहत बात विनसि जै है तेरो गात।।
छिनु छिनु करि गइउ कालु तैसे जातु आजु है ।।२।।१।।

(५७)

राम भजु राम भजु जनमु सिरातु है ।।
कहउ कहा बार बार समझत नह किउ गबार ।।
बिनसत नह लगै बार ओरे सम गात है ।।१।।रहाउ।।
सगल भरम डारि देह गोबिन्द को नामु लेह ।।
अंति बहार संगि तेरे इहै एक जातु है ।।१।।
बिखिआ बिख जिउ बिसारि प्रभ को जसु हीए धार ।।
मानक जन कहि पुकार अउसरु बिहातु है ।।२।।२।।

(५८)

रे मन कउन गति होइ है तेरी।।
इह जग मैं राम नामु सो तउ नही सुनिउ कान ।।
बिखिअन सिउ अति लुभान मति नाहिन फेरी ।।२।।रहाउ।।
मानस को जनमु लीन सिमरनु नह निमख कीन ।।
दारा सुख भइओ दीन पगहु परी बेरी ।।१।।
नानक जन कहि पुकारि सुपने जिउ जगु पसारि।।
सिमरत नहि किउ मुरारि ।।
माइआ जा की चेरी ।।२।।३।।

(५९)

बीत जै है बीत जै हैं जनमु अकाज रे।।
निस दिन सुन कै पुरान ।।
समझत नह रे अजान ।।
काल तउ पहूंचिउ आनि कहा जैहै भाजि रे ।।१।।रहाउ।।
असथिरु जो मानिउ देह सो तउ तेरउ होइ है खेह ।।
किउ न हरि को नामु लेउ मूरख निलाज रे ।।१।।
राम भगति हीए आनि छाडि दे तै मन को मानु ।।
नानक जन इह बखान जग मै बिराज रे ।।२।।४।।

## सलोक महिला है ९।।

गुन गोबिन्द गाइउ नहीं जनमु अकारथ कीन ।।
कहु नानक हरि भजु मना जिहि विधि जल कौ मीन ।।१।।
विखिअन सिउ काहे रचिओ निमख न होहि उदास ।।
कहु नानक भजु हरि मना परै न जम की फास ।।२।।
तरनापो इउ ही गइउ लीउ जरा तनु जीति ।।
कहु नानक भज हरि मना अउध जातु है बीति ।।३।।
बिरधि भइउ सूझै नहीं कालु पहूचिउ आन ।।
कहु नानक नर वावरे किउ न भजै भगवानु ।।४।।
धनु दारा संपति सगल जिनि अपुनी करि मानि।।
इन मैं कछु संगी नहीं नानक साची जानि ।।५।।
पतित उधारन भै हरन हरि अनाथ के नाथ ।।
कहु नानक तिह जानीए सदा वसतु तुम साथ ।।६।।
तनु धनु जिह तोकउ दीओ ता सिउ नेहु न कीन ।।
कहु नानक नर बाबरे अब किउ डोलत दीन ।।७।।
तनु धनु संपै सुख दीउ अरुजिह नीके धाम ।।
कहु नानक सुनि रे मना सिमरत काहि न राम ।।८।।
सभ सुख दाता रामु है दूसर नाहिन कोइ ।।
कहु नानक सुनि रे मना तिह सिमरत गति होइ ।।९।।
जिह सिमरत गति पाइए तिहि भजु रे तै मीत।।
कहु नानक सुन रे मना अउध घटत है नीत ।।१०।।
पाँच तत को तनु रचिउ जानहु चतुर सुजान ।।
जिह ते उपजिउ नानका लीना ताहि मै मान ।।११।।
घटि घटि मै हरि जू बसै संतन कहिउ पुकारि।।
कहु नानक तिह भजु मना भउ निधि उतरहि पार ।।१२।।
सुखु दुखु जिह परसै नही लोभ मोह अभिमानु ।।
कहु नानक सुन रे मना सो मूरत भगवान ।।१३।।

उसतति निदिआ नाहि जिहि कंचन लौह समानि।।
कहु नानक सुन रे मना मुकति ताहि तै जानि ।।१४।।
हरख सोग जाकै नही बैरी मीत समान ।।
कहु नानक सुनि रे मना मुकति ताहि तै जान ।।१५।।
भै काहू कउ देते नहि नहि भै मानत आनि ।।
कहु नानक सुन रे मना गिआनी ताहि बखानि ।।१६।।
जिह बिखिआ सगली तजी लीउ भेख बैराग ।।
कहु नानक सुन से मना तिह नर माथै भाग ।।१७।।
जिहि माइआ ममता तजी सभ ते भइउ उदास।।
कहु नानक सुन रे मना तिहि घटि ब्रह्म निबासु ।।१८।।
जिह प्रानी हउमै तजि करता राम पछान ।
कहु नानक वह मुकति नरु इह मन साची मान ।।१९।।
भै नासन दुरमति हरन कलि मै हरि को नामु ।।
निस दिन जो नानक भजै सफल होहि तिह काम ।।२०।।
जिहवा गुन गोबिन्द भजनु करन सुनहु हरिनाम ।।
कहु नानक सुन रे मना परहि न जम के धाम ।।२१।।
जो प्राणी ममता तजै लोभ मोह अहंकार ।।
कहु नानक आपन तरै अउरन लेत उधार ।।२२।।
जिउ सुपना अरु पेखना ऐसे जग कउ जानि।।
इन मैं कछु साचो नहीं नानक बिनु भगवान ।।२३।।
निस दिन माइआ कारने प्रानी डोलत नीत।।
कोटन मै नानक कोऊ नाराइन जिह चीति ।।२४।।
जैसे जल ते बुलबुला उपजै बिनस नीत ।।
जग रचना तैसे रची कहु नानक सुन मीत ।।२५।।
प्रानी कछू न चेतई मदि माइआ के अंध ।।
कहु नानक बिनु हरि भजन परत ताहि जम फंध ।।२६।।
जउ सुख कउ चाहै सदा सरनि राम की लेह ।।
कहु नानक सुन रे मना दुरलभ मानुख देह ।।२७।।

माइआ कारनि धावही मूरख लोग अजान ।।
कहु नानक बिनु हरि भजनि बिरथा जनमु सिरान ।।२८।।

जो प्रानी निस दिनि भजे रूप राम तिह जानु ।
हरि जन हरि अंतरू नहीं नानक सांची मानु ।।२९।।

मनु माइआ मै फसि रहिउ विसरिउ गोबिन्द नाम ।।
कहु नानक बिनु हरि भजन जीवन कउने काम ।।३०।।

प्रानी राम न चेतई मद माइआ कै अंध।।
कहु नानक हरि भजन बिनु परत ताहि जम फंध ।।३१।।

# ग्रंथ सूची

## संदर्भ सूची ( हिन्दी )


1. डॉ. जय भगवान, गुरू तेग बहादुर चिंतन व कला, अलंकार प्रकाशन, 1976
2. गुरदेव कौर, जी.एस. आनन्द श्री गुरू तेग बहादुर, पंजाबी यूनिवर्सिटी पटियाला
3. प्रेम प्रकाश सिंह, गुरू तेग बहादुर जीवन, दर्शन और विवेचन, पंजाबी यूनिवर्सिटी पटियाला, 1976
4.
5. डॉ. सुखविंदर भट्ट, गुरू तेग बहादुर एक अध्ययन, प्राच्य साहित्य प्रकाश पटियाला, 1996
6. डॉ. महीप सिंह, गुरू तेग बहादुर जीवन और आदर्श, उमेश प्रकाशन, 1976
7. डॉ. नवरत्न कपूर, गुरू तेग बहादुर, भाषा विभाग पंजाब, 1995
8. डॉ. महीप सिंह, गुरू तेग बहादुर, परिचय तथा कविताएं, हिन्द पॉकेट बुक्स, 1996


## संदर्भ सूची ( गुरमुखी )


1. गंडा सिंह, हुकुमनामे, पंजाबी यूनिवर्सिटी, पटियाला, 1967
2. गुरू गोबिंद सिंह, बचित्र नाटक (श्री दशम गुरु ग्रंथ–साहिब जी), भाई जवाहर सिंह किरपाल सिंह, अमृतसर
3. कंकण कवि, दस गुरू कथा, (संपा. किरपाल सिंह), खालसा समाचार, अमृतसर, 1967

4. केसर सिंह छिब्बर, गुरू बंशावलीनामा दसा पातसाहियां का, पंजाब यूनिवर्सिटी, चंडीगढ़ 1972 (Vol. II)

5. कोएर सिंह कलाल, गुरूविलास पातसाहि दस, रेयर बुक सेक्शन, गुरू नानक देव यूनिवर्सिटी पुस्तकालय, अमृतसर

6. रतन सिंह भंगु, प्राचीन पंथ प्रकाश (संपा. भाई वीर सिंह), खालसा समाचार, अमृतसर, 1914

7. सेनापत, गुरू शोभा (संपा. शमशेर सिंह अशोक, सिख हिस्ट्री रिसर्च बोर्ड, S.G.P.C., अमृतसर, 1967

8. सकप सिंह कौशिश, गुरू किआं साखियां (ज्ञानी गरजा सिंह के साथ व्यक्तिगत प्रति)

9. शमशेर सिंह अशोक, निशान ते हुकमनामे, सिख इतिहास रिसर्च बोर्ड, S.G.P.C., अमृतसर, 1967

10. सतबीर सिंह, इति जिन करि (जीवनी श्री गुरू तेग बहादुर), न्यू बुक कंपनी - 1975, दिल्ली

11. प्रिसिंपल सेवा सिंह कौरा, गुरू तेग बहादुर शख्सियत, सफर, संदेश व सहादत, वारिश शाह फाउंडेशन, 2015

12. कवि भगत सिंह, गुर बिलास पातसाहि - 6 (संपा. ज्ञानी जिंदर सिंह गिल), वजीर हिन्द प्रेस प्रकाशन

13. कवि चूरामण भाई संतोख सिंह, गुरू प्रताप सूरज ग्रंथ, मार्च 1933, भाई वीर सिंह सदन प्रकाशन

## Bibliography


Fauja Singh and Gurbachan Singh Talib, Guru Tegh Bahadur Matyr and Teacher, Punjabi University Patiala, 1975

Guru Dev Kaur, G.S. Anand, Sri Guru Teg Bahadur, Punjabi University, Patiala, 1976

Jagrit Singh Nagpal Guru Teg Bahadur, Publised by Jagjit Singh Nagpal

Mahip Singh, Guru Teg Bahadur, Jeevan Aur Ardash, Umesh Prakashan, 1976.

Mahip Singh, Guru Teg Bahadur, परिचय तथा कविताएं Hindi Pocket Books, 1996

Navratan Kapoor, Guru Teg Bahadur, Bhasha Vibhag, Punjab 1995

Prem Prakash Singh, Guru Teg Bahadur, जीवन दर्शन और विवेचन Punjabi University, Patiala, 1976

Ranbir Singh, Guru Tegh Bahadur Divine Poet Saviour and Martyr, Chief Khalsa Diwan 1975

S.L. Baruah A Comprehensive History of Assam, Munshi Ram Manohar Lal Publisher Pvt. Ltd. 1985, New Delhi

S.L.. Baruah Lost Days of Aham Monarchy, Munshi Ram Manohar Lal Publisher 1993, New Delhi

Sukhminder Rath, Guru Teg Bahadur, Ek Adhyan, Prachya Sahitya Prakashan, 1996.

Surjit Singh Chawla, Matyrdom of Guru Tegh Bahadur, Harmony Publishing House, Gurgaon 1991

Teja Singh and Ganda Singh, A Short History of the Sikhs, Orient Longmans Ltd. Bombay 1950

Trilochan Singh, Guru Tegh Bahadur, Gurudwara Parbandhak Committee, Delhi 1967

Trilochan Singh, Guru Tegh Bahadur, Prophet and Martyr, Gurudwara Parbandhak Committee, Sisganj Delhi